泥水にまみれ出土した竹簡は，古代中国思想の実相を伝える第一級の資料であった。
本書は，1993年に中国湖北省において出土した郭店楚簡『五行』と『性自命出』に関する論考の他，『孟子』に関する論考等を収録。
各世代を経て今日まで伝承された伝世文献と新出の竹簡資料とを駆使し，
新たな古代中国思想研究の創出に向けた基礎研究を展開する。

Guo dian bamboo strip text “Wu xing” and transmitted texts

北海道大学大学院文学研究科
研究叢書

郭店楚簡『五行』と伝世文献

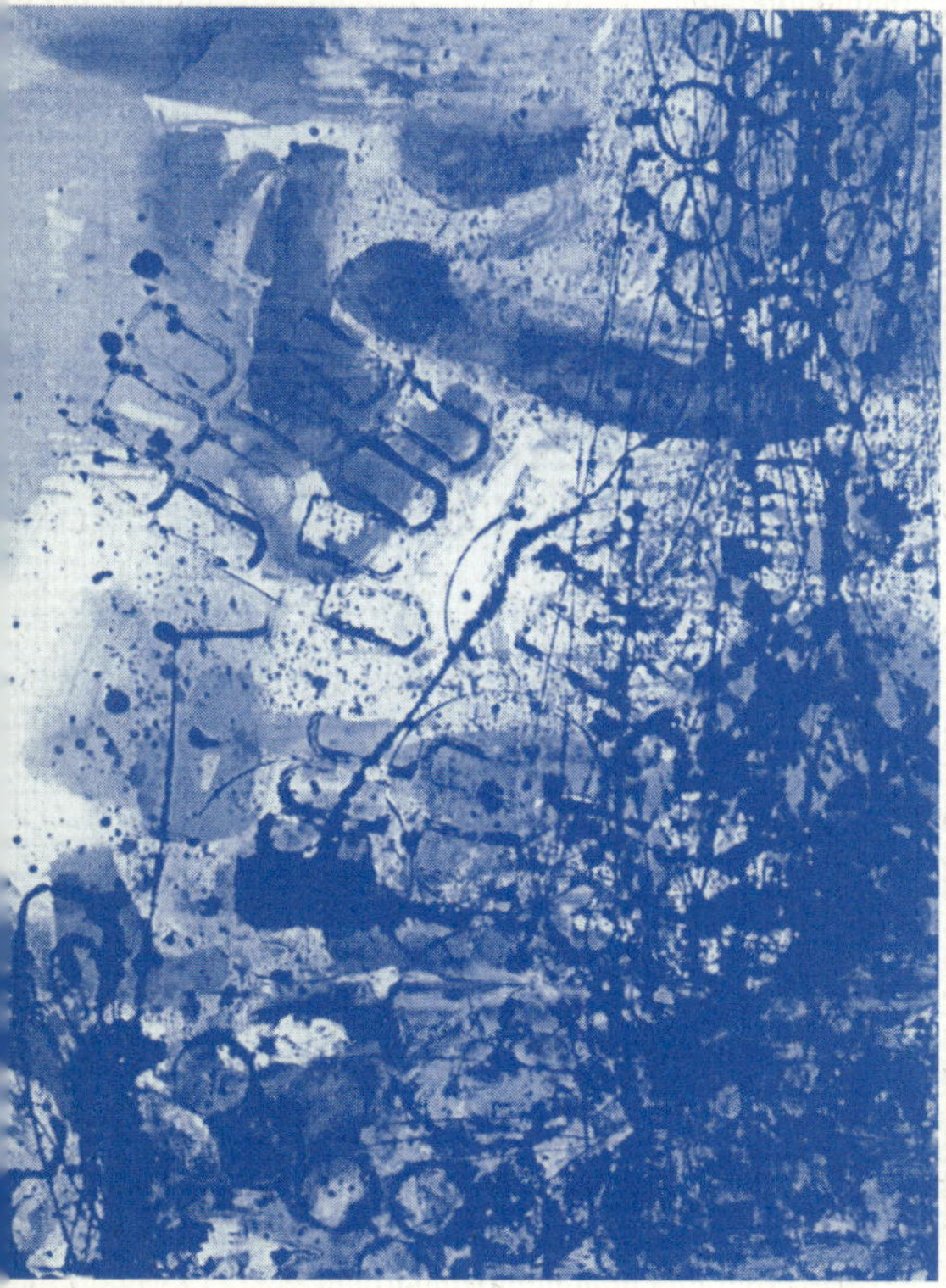

西　信康

北海道大学出版会

研究叢書刊行にあたって

北海道大学大学院文学研究科は、その組織の中でおこなわれている、極めて多岐にわたる研究の成果を、より広範囲に公表することを義務と判断し、ここに研究叢書を刊行することとした。

平成十四年三月

郭店楚簡出土地跡(2009 年 7 月 26 日。西撮影)

説明碑文(同上)

郭店楚簡『太一生水』全体（2009 年 7 月 25 日、湖北省博物館展示。西撮影）

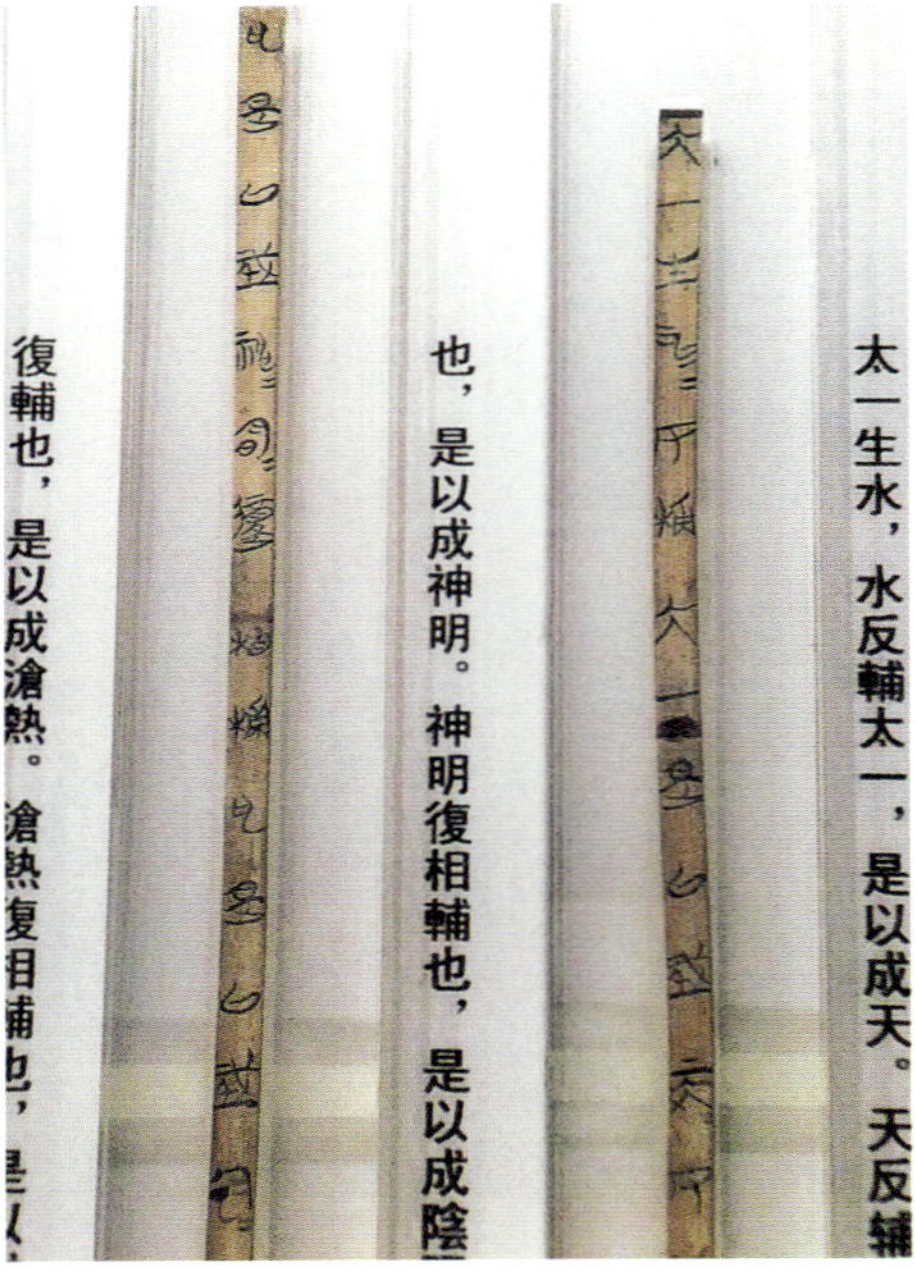

郭店楚簡『太一生水』第 1 号、2 号簡（同上）

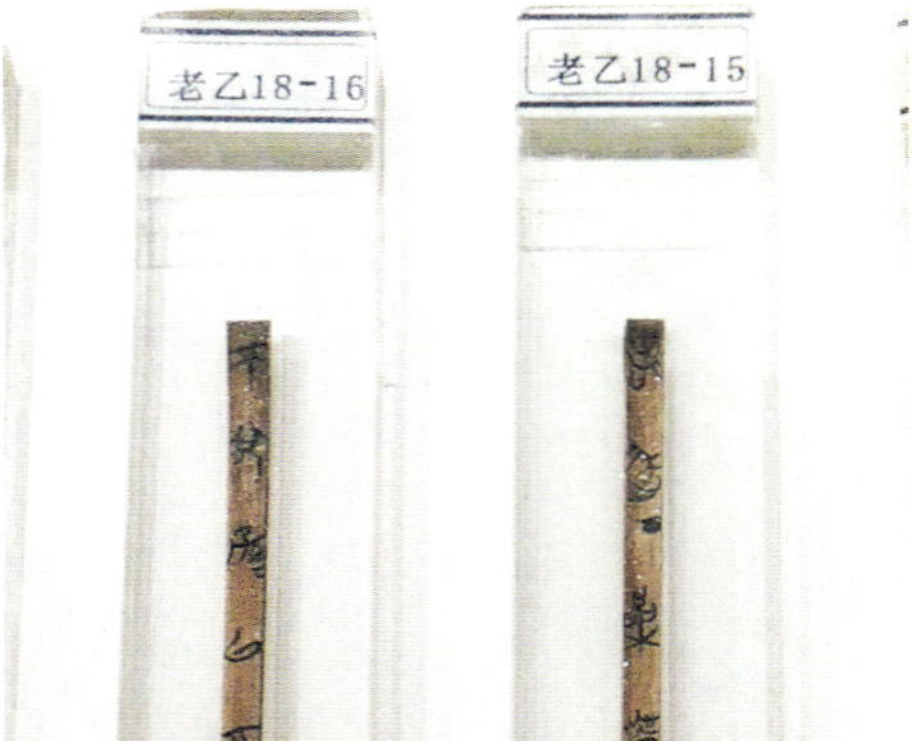

郭店楚簡『老子』乙本第 15 号、16 号簡（同上）
2 文字目下に墨釘符号が確認できる。

目次

目　次

序論

(一) 問題提起

本書は大きく分けると、二つの研究成果を中心に構成されている。一つは、二〇〇九年に筆者が北海道大学に提出した学位論文「郭店楚簡『五行』の研究」である。もう一つは、学位論文提出後に発表した二つの研究成果である。本書の第一章から第五章までが前者、第六章と第七章が後者である。いずれも本書に収めるに当たって、大幅に修訂を加えた。

各章で研究対象となる資料は、本書が筆者の博士論文と、その後に発表された個別的な研究成果とを合わせたものであるという事情により、特定の課題解明を目指して計画的に選定されたものではない。本書の内容と分量の上からも、中心となるのは郭店楚簡『五行』の研究であるが、第六章と第七章では、『五行』とは別の文献を研究対象としている。ただし、いずれの研究にも一つの共通点がある。それは、解釈者の特定の関心が先入観としてはたらくことを警戒し、対象となる文献の思想内容と思想的課題との独自性を可能な限り明らかにする、という研究態度である。先ずは、こうした本書の基本的な研究態度について、簡単に説明しよう。

文献資料の恣意的な解釈を避けるためには、その内容を思想史に位置づけて解釈するという歴史的な視点が求められる。こうした視点は、各世代を経て今日まで伝承された伝世文献に対してのみならず、近年新たに発見された出土資料に対しても不可欠であることは、言うまでもない。だが一方で、出土資料は、従来想定されてきた思想史を再検討するための、新たな一次資料となることが同時に期待されている。もし、従来の思想史研究における関心や問題意識を踏襲し、従来の思想史の間隙を補うためや、その先後関係を入れ替えるための第三者的な資料として出土資料を位置づけるのであれば、その方法論上の問題は、さしあたり深刻でないかもしれない。実際、これまでにも出土資料を活用した思想史の再検討が提唱され、既に多くの研究成果が挙げられている。もちろん、一次資料の増加によって、いわゆる歴史の空白部分の補塡が可能となったことは、研究史上画期的な出来事であったことは確かである。しかしながら、従来の関心や問題意識を踏襲したまま出土資料を読むならば、それは十分な意味での思想史の再検討と言えるのであろうか。それは既に思想史研究の可能性を予め大きく制限することにならないだろうか。

出土資料は、歴史上には実在したが、世代の推移とともに淘汰され、中国思想史を構成する主流となるには至らなかった資料群である。そして、現在の研究者が文献に対して抱く関心や、そこに想定する思想的課題とは、歴史の主流として生き残った既存の文献資料に基づき獲得されたものである。伝世文献と出土資料との別を問わず、文献のどの内容に着目し、その思想的意義をどのように見定め評価するかは、これまで蓄積された研究成果と、それを継承し批判することを通じて形成された研究者の関心と問題意識とに依存する。したがって、文献資料の読解には、従来の関心と問題意識とでは把握できない思想があることを想定し、新たな思想の把握が可能となるような視点を自覚的かつ継続的に模索することが肝要であると思われる。

もし、十分な意味での思想史の再検討を実践しようとするのであれば、この点は改めて自覚される必要があろう。その上で、出土資料の発見を契機とした思想史の再検討を行うのであれば、出土資料の価値を単なる研究対象の数量的増加に解消することなく、それが歴史的に淘汰された文献であることを肯定的に捉え、そこに創造的な価値を積極的に見いだす発想が有効と思われる。歴史的に淘汰されたが、確かに実在した資料を根拠とすることで、伝世文献の研究によって獲得された従来の視点を、実証的に再検討することが可能になると考えられるからである。

本書はその基礎研究として、出土資料と伝世文献の研究に取り組み、その独自の思想の解明に努める。以下、本書の構成について、上述の研究目的と各章の論考とを関連づけながら説明しよう。

(二) 本書の構成と内容

第一章から第四章において論じる郭店楚簡『五行』とは、一九九三年に、中国の湖北省で出土した竹簡資料である。詳細は、本書第一章において述べるが、この竹簡資料は、一九七三年に先行して発見された馬王堆漢墓帛書五行篇（以下、馬王堆『五行』）と内容が類似することでも注目された。本書は、郭店楚簡『五行』の研究が中心であるので、先ずはこの資料が発見された前後の経緯について、簡単に説明しておこう。

一九七三年に馬王堆『五行』が公開されて以降、後の『五行』研究に最も大きな影響を与えたのは、龐樸「馬王堆帛書解開了思孟五行説古謎——帛書《老子》甲本巻後古佚書之一的初歩研究」（『文物』一九七七年、第十期）[一]である。当論文は、馬王堆『五行』が『荀子』非十二子篇に言及された子思・孟子（孟軻）の思想を伝えるものとの見解を提示した。この見解には、研究史上の一つの懸案が背景としてあった。即ち、『荀子』非十二子篇には、「聞見雑博、案往舊造説、謂之五行、……子思唱之、孟軻和之」［聞見は雑博にして、往旧に案じて説を造し、之れを五行と謂ふ、……子思、之れを唱へ、孟軻、之れに和す」という記載が見えるが、『史記』孔子世家の「子思、中庸を作る」という記載以来、伝統的に子思の著作とされる『礼記』中庸篇や、孟子の著作として伝わる『孟子』には、『荀子』非十二子篇に言うところの「五行」に特定できる明確な記載が確認できなかった。そのため、非十二子篇の記載が具体的に何を指すのかが、歴史上の懸案となっていたのである。[二] そうした中、馬王堆『五行』には、「仁」「義」「礼」「智」「聖」を「五行」と総称する記載が確認されること、全体の思想内容に『礼記』中庸篇や『孟子』との関連を見いだすことができることなどから、これを思孟学派（子思・孟子学派）の著作と見なす龐樸氏の見解が大方の賛同を得るに至った。

一九九三年には、郭店楚簡『五行』（以下、郭店『五行』）が発掘され、この竹簡資料は、戦国時代の資料であると報告された。このことから、この竹簡資料は、その時代性からして、思孟学派との結びつきを証明する格好の一次資料と目された。一方で、思孟学派の問題に関しては、「学派」の実在を前提にすることや、学派区分に対する欲求が一種の先入見としてはたらくことで、文献の思想内容の客観的な解釈の妨げになる危険性も、一部には指摘された。[三]

国内外を合わせ、主に中国大陸を中心として、『五行』研究には既に百件を越える研究成果が挙げられているが、その発表件数の大部分は、発見から十年以内に集中している。ただし近年では、二〇〇八年もまた、『五行』研究の第二の高潮期に数えることができ、「思孟学派を一つの具体的な歴史的展開の過程」（梁濤『郭店竹簡与思孟学派』中国人民大学出版社、二〇〇八年、六頁）とした上で、『五行』を一次資料とした論文集や単著が相次いで出版された。[四]

以上が郭店『五行』発見前後の大まかな経緯である。本書第一章「郭店楚簡『五行』研究史と課題」では、上述の郭店『五行』発見前後の経緯を踏まえ、とりわけ郭店『五行』と馬王堆『五行』との関係をどのように捉えるべきかについて提言をし、郭店『五行』に対する本書の研究態度を述べる。詳細は、第一章において述べるが、本書では、他文献の用例を広く精査した上で、郭店『五行』の文章や思想概念の意味内容を確定することを目指す。その際、考証の対象となる他文献の記載は、伝統的に思孟学派の著作とされるものに限定しない。また、特定の思想概念だけでなく、表現形式も広く考証の対象とすることで、思想の背後にある問題意識を解明する。

第二章から第四章までは、上述の方法に従い、郭店『五行』の考察を行う。考察の特徴は、竹簡上に確認される特殊符号に着目し、当文献が計三つの段に分かれることを指摘し、各段の思想を構造的特徴に即して把握することにある。

第五章「『孟子』万章下篇「金聲而玉振之」考」では、「金声にして、玉、之れを振るふ」という『孟子』に見える一文の意味内容を検討する。この一文は、現代日本でも用いられる「集大成」という言葉の出典箇所でもあり、『孟子』万章下篇に、「集大成也者、金聲而玉振之也」［集大成なる者は、金声にして、玉、之れを振《おさ》むるなり］とある。この「金聲而玉振之」（以下、「金聲玉振」）の意味については、一般に朱熹『孟子集注』の説が広く支持され、「鐘を打ち鳴らして演奏を始め、玉（磬）を打ち鳴らして演奏を締め括る」と解釈される。だが、この朱熹の解釈に対しては、当時、既にこれを疑問視する見解もあり、じつのところ朱熹自身もまた、みずからの解釈が確かな証拠に基づくものでないことを既にことわってもいた（詳しくは本書第五章参照）。そうした中、一九七三年には馬王堆『五行』が出土し、そこに「集大成」と「金聲玉振」の語句が確認された。本来であれば、この新出資料の発見を契機に、朱熹以来の懸案を解決することが期待される。ところが、これまでのところ、朱熹の解釈が積極的に訂正されることはなく、却って、本来は『孟子』に対する注釈であったはずの朱熹の解釈が、新出の馬王堆『五行』に対してもそのまま適用されてしまう。こうした手法は、馬王堆『五行』によって『孟子』を再考する試みを著しく困難にするばかりでなく、馬王堆『五行』の独自性の解明を妨げるものである。そこで、本書では、そうした従来の手法を反省し、先ず朱熹の解釈を前提とせずに馬王堆『五行』の記述を読み解き、そこで用いられる「金聲玉振」の語句の意味を確定する。次いで、馬王堆『五行』の記載と「金」「玉」に関する諸文献の記載とを総合し、『孟子』の「金聲玉振」の解釈に対して一案を提示する。

第六章「『孟子』に見える告子の仁内義外説」は、伝世文献の『孟子』に関する論考である。仁内義外説とは、孟子の論敵として知られる告子という人物が唱えた思想である。告子は、「仁は内なり、義は外なり」(『孟子』告子上篇)として、孟子の思想の中心的な徳目である「仁」と「義」について、その「内」「外」に関する議論を提起する。議論の焦点は、「義」についてで、告子が「義」を「外」とする義外説を提示するのに対し、孟子はそれを反駁し、「義」を「内」とする。従来の研究は、そこに示された孟子の思想に対する解釈を図式的に反転させたものとして告子の義外説を解釈する。だが、こうした解釈の仕方は、告子の義外説の独自性を汲み取る視点を十分に確保したものとは言い難い。本書では先ず、『孟子』以外の戦国諸子文献において、「仁」と「義」とが「内」と「外」という概念で論じられる用例を精査し、そこではどのような思想的課題が探究されているのかを把握する。その上で、告子の義外説が表明された比喩表現を改めて読み解くことで、義外説の思想内容とその背後にある問題意識を解明する。

第七章で論じる郭店楚簡『性自命出』は、『五行』と同じ郭店楚簡の一種である。この資料には、「性は命より出で、命は天より降る」という一文が確認され、それが『礼記』中庸篇に「天の命ずるを之れ性と謂ふ」とある一文に類似することで注目された。この資料も公開当初より、中国において盛んに研究が進められたが、我が国では中庸篇との類似に着目する視点にこだわらずに、研究の初期段階から、中庸篇との相違点や『性自命出』の独自性を把握する試みがなされた。本書では、そうした試みを引き継ぎ、『性自命出』に見える「性」「心」「物」や、「善」「不善」及び「物」「勢」といった主要概念について、これら概念をめぐる比喩表現や文章構造を改めて検討し、その意味内容を明らかにする。その上で、『性自命出』冒頭の一文を全体の思想を把握するための重要な一文と位置づけ、その意味内容を検討する。これにより、人間の「性」に関する『性自命出』の人性論の思想的特徴を明らかにする。

以上、本書第一章から第四章に収めた郭店『五行』に関する論考と、それ以降の各章に収めた論考の概略を示した。郭店『五行』に関する論考は、出土資料に対して、従来の関心と問題意識とでは把握できない思想があることを想定し、その独自の思想の解明に努める、という本書の課題について、その実践を試みた研究成果である。第五章以降に収めた馬王堆『五行』、『孟子』、郭店楚簡『性自命出』に関する論考も、同様の問題意識に基づいている。従来の関心にこだわらずに、改めて概念や比喩表現の意味内容を他文献の用例に照らして考証し、思想の背後にある問題意識を把握することで、その思想上の独自性を明らかにすることを目指した。第六章で検討する『孟子』は伝世文献に分類されるが、その解釈に際しても、従来の関心や視点を批判しながら、新たな解釈を模索した。

おそらく、思想史の再検討と再構築とは、研究対象の数量的な増加だけで達成されるものではない。かつての伝世文献を中心に行われた研究の方法論を自覚的に反省するような、質的な変化をも目論んだ研究も必要であろう。本書が間接的にでもその一助となることを願っている。

(一) 後、龐樸『帛書五行篇研究』第一、二版、斉魯書社、一九八〇年、八八年、同『竹帛《五行》篇校注及研究』万巻楼、二〇〇〇年所収。

(三) 馬王堆漢墓帛書五行篇の発見に至るまでの思孟学派に関する研究については、影山輝国「思孟五行説――その多様なる解釈と龐樸説――」(『人文科学紀要』第八十一集、東京大学人文科学科、一九八五年)を参照されたい。

(三) 池田知久『馬王堆漢墓帛書五行篇研究』(汲古書院、一九九三年)。
(四) 例えば、山東師範大学斉魯文化研究中心・美国哈仏大学燕京学社編『儒家思孟学派論集』(斉魯書社、二〇〇八年)や、杜維明『思想・文献・歴史』(北京大学出版社、二〇〇八年)、そして、梁濤前掲書等の成果が挙げられている。以上大まかな経緯と、二〇〇九年以降の研究状況については、近藤浩之・西信康「学会時報(先秦～漢代)」(『中国研究集刊』第五十六号、二〇一三年)「『五行』研究回顧」参照。また、我が国における最新の研究として、末永高康「『孟子』と『五行』」(『中国思想研究』第三十四号、二〇一三年)も、思孟学派の思想史的展開を追究している。

第一章　郭店楚簡『五行』研究史と課題

一九七三年、湖南省長沙の馬王堆漢墓三号墓から、帛書に記された一群の思想文献が出土した。整理の結果、二種類の『老子』甲本・乙本の他、『周易』等二十四種の古籍が確認された。（一）『老子』甲本の後部には、甲本巻後古佚書四篇と呼ばれる四篇の古佚書が含まれており、その冒頭に位置する文献は、一般に馬王堆漢墓帛書五行篇（以下、馬王堆『五行』）と呼び慣わされた。

二十年後の一九九三年には、湖北省荊門市沙陽区の郭店一号墓から、竹簡に記された大量の文字資料が出土した。整理の結果、『老子』（甲・乙・丙の三篇）『緇衣』『魯穆公問子思』『唐虞之道』等（篇題はいずれも通称）、計十六種の古籍が確認された。（二）その中には、馬王堆『五行』とほぼ同内容の文献が含まれていた。これが本書で取り上げる郭店楚簡『五行』（以下、郭店『五行』）である。

ただし、馬王堆『五行』と郭店『五行』との間には、二つの重要な相違点がある。一つは、馬王堆『五行』が経（以下、《経》）と説（以下、《説》）との二つの部分から構成される二重構造をとるのに対し、郭店『五行』は、《説》に相当する部分がなく、《経》に相当する部分のみが出土したことである。

今、簡単に《経》と《説》との二重構造について説明すれば、馬王堆『五行』は、『老子』甲本の第一七〇行から第三五〇行までに渉り、このうちの、第一七〇行から途中の第二一四行までが《経》である。そして、第二一五行から最後の第三五〇行までには、前半部分の《経》を一文ずつ引きながらそれを解説する文章があり、これが即ち《説》である。郭店『五行』は、この《経》に相当する部分のみが出土し、その解説文に相当する《説》は、出土しなかったのである。そして、馬王堆『五行』と郭店『五行』のもう一つの相違点とは、両者に共通する《経》に限った場合にも、そこには文字や章節の異同が見られることである。[三] こうした両者の差異については、既に多くの研究において指摘されているが、[四] その差異がいかなる意味を有するのか、その具体的な内容については、未だ十分に議論が尽くされていないように思われる。本書では先ず、《説》の有無に関する諸研究の見解を整理し、その問題点を指摘しつつ、『五行』に関する基本的な知識を得ることにしよう。

一　《経》《説》構造に対する諸研究の見解とその問題点

(一) 郭店『五行』出土以前——龐樸・池田説と浅野説

馬王堆『五行』《説》に対する諸研究の見解は、《説》を伴わない郭店『五行』の出土によって、大きく転換する。したがってここでは、これまでの見解を郭店『五行』出土以前と以降とに分けて確認する。

馬王堆『五行』が《経》と《説》との二重構造からなる文献であることを最初に指摘し、それぞれを《経》《説》と名付けたのは、龐樸「馬王堆帛書解開了思孟五行説古謎——帛書《老子》甲本巻後古佚書之一的初歩研究」(『文物』一九七七年、第十期)であった。龐樸氏は、『管子』『墨子』『呂氏春秋』『韓非子』といった伝世文献の中にも、本文とそれを解説する解説文といった、二つの部分から構成される文献があることを指摘し、馬王堆『五行』をそれら伝世文献に準えた。それは同時に、それら伝世文献と同様に、五行篇の《経》と《説》もまた、それぞれが同時期の成立であることを主張するものであった。

池田知久『馬王堆漢墓帛書五行篇研究』（汲古書院、一九九三年）（以下、池田『帛書五行篇』）もまた、伝世文献の中には、馬王堆『五行』と同様、二重構造をとる文献があることを指摘し、次のように述べた。

> 『五行篇』の経と説と同様に、経と説と、または経と解とが同一の時代に、同一の人物または同一の学派に属する人々によって、一緒に書かれた例は、相前後する時代の諸文献に相当多く見出すことができる。たとえば、『墨子』の経と経説と、『韓非子』の内外儲説の経と説と、『管子』の経言と管子解と等がそれであって、このような相応する経的なものと説的なものとの組み合わせを用いて思想家が自分の思想を述べるというやり方は、この時代の学術界に広く見られる一つの基本的な叙述形式になっていたのである。（五二頁）

このように、池田氏もまた、伝世文献の中には、馬王堆『五行』と同様の形態をとる文献が存することを指摘する。更には、「龐樸はこの種の表現スタイルは戦国時代のものとするが、より正確には戦国時代後期以後に目立って増えてくるものとすべき」（五四頁注11）とし、龐樸説に修正を加えながら、この文献の形態をもとに、より積極的にその成立年代を特定しようとした。

これ以降の研究においても、《経》と《説》とが異なる時期に書かれたと明確に主張されることは、ほとんど主流とはならなかった。[三] 例えば、斎木哲郎「長沙馬王堆漢墓出土「帛書五行篇」新解――秦儒との関係を中心として――」（『中国出土資料研究』第二号、一九九八年）は、大学篇との構造上の類似を指摘し、「形式的にではあれ両者の間には極めて緊密な関係があることを予想させる」（四〇頁）とした。その上で、「経・伝とみなし得る部分をそろえて書くのが周秦の儒学の典型的な記述形式」（四八頁脚注17）とし、同様の形態をとる伝世文献を根拠に、馬王堆『五行』の《経》と《説》とが異なる時期の成立である可能性を否定した。

一方、馬王堆帛書出土当初から、《経》と《説》は一時期の成立ではないと主張したのは、浅野裕一「帛書五行篇の思想史的位置」（『島根大学教育学部紀要』第十九巻、一九八三年）(六)である。浅野氏は《経》と《説》の成立時期については、「経II（浅野氏は経をも分解する）と説との成立の間には、相当な時期的隔たり、もしくはテキスト伝承上の変化を見込まねばならぬ」（六二七頁）とする。その上で《説》の作者については、その思想的特色を「倫理と気・性・理などの概念を結合する孟子学派の特色」（六二八頁）とした上で、「説文においてはじめて気・性・理などの重要概念が登場する点」（六二九頁）と、一方で「仮に説が孟子後学の手になるものであるとすれば、もう少し直接的に、『孟子』に記録される孟子の発言を引用するのではないかと思われるにもかかわらず、その形跡がほとんど見られない」（同上）こと、そして『孟子』の本文には五行篇をまってはじめて理解できる箇所がある点（同上）を綜合して、「やや冒険に過ぎるかもしれぬが、説の作者は子思の門人か、あるいは若年時代の孟子であった可能性が高い」（六三〇頁）と結論した。

日本において、この見解に真っ向から異を唱えたのは池田知久『帛書五行篇』第二章第二節である。その主要な論点は次の二点に集約される。一つは、（一）経文のみでは理解不可能であり、《説》をまってはじめて理解できる箇所があること。もう一つは、（二）経・説、経・解が同時期に成立した例として『墨子』の経と経説、『韓非子』の内外儲説の経と説、『管子』の経言と管子解などがあり（五二頁）、これが「この時代の学術界に広く見られる一つの基本的な叙述形式」（五二頁）、とすることである。

島森哲男「馬王堆出土儒家古佚書考」（『東方学』第五十六輯、一九七八年）もまた、池田氏の（一）の論拠に基づき、《経》と《説》とは同時期の成立であるとした。仮にこれらの見解をまとめて、《経》《説》同時成立説と呼ぶならば、《経》と《説》とを同時期の成立ではないとする見解を《経》《説》異時成立説と呼ぶことができよう。

郭店『五行』出土以前にあっては、《経》《説》同時成立説を採る見解が国内外を問わず多数を占めていた。ところが、郭店『五行』の出土により、状況は一転する。

（二）郭店『五行』出土以降――池田説と龐樸・浅野説

郭店『五行』が《経》のみで《説》を伴わない形で出土して以降、《説》に対する見方は、大きく転換する。ほとんどの論者が馬王堆『五行』の《説》を《経》よりも後の成立とする見解で一致する。前に《経》《説》構造を真っ先に指摘した龐樸氏もまた、その著『竹帛《五行》篇校注及研究』（万巻楼、二〇〇〇年）「竹帛五行篇与思孟五行説」において、みずからの《経》《説》同時成立説に対して修正を加える。[七] 龐樸氏はそこで、新たに経説・経解構造をとる先秦諸文献を二種類に分類し、『韓非子』内外儲説、『呂氏春秋』は経説・経解が一時一人の作に成る類とし、そして、『春秋』と三伝、『韓非子』解老と『老子』、『管子』中の『管子』解等は説文・解文が後人の手に成る類とし、五行篇を後者の類に当てはめた（一〇三頁）。これは、先秦の諸文献に見られる経説・経解構造を状況証拠にして、五行篇の《経》《説》を同時期の成立と見なした自らの前説に修正を加え、《経》《説》構造の諸文献を二つに分類しながら、前説の結論のみを変更したものと見なすことができる。

こうして、郭店『五行』出土以降、なおも《経》《説》同時成立説を採るのは池田氏のみとなった。

こうした状況の中、浅野氏から、先の池田説に対する反批判が提出される。

浅野裕一「『五行篇』の成立事情――郭店写本と馬王堆写本の比較――」（『中国出土資料研究』第七号、二〇〇三年）は、先ず池田氏の第一の論拠に対して、「経の真意は彼ら（初期の学団構成員）には完全に諒解され……故に経文の字面を読んだだけでは、部外者に意味が分からないのは当然であって、それを根拠に経と説が同時に書かれたと主張するのは、全く的はずれな議論。……自分に意味が理解できないからといって、当事者にも意味不明だったはずだとは推論できない」（一九頁）と、批判した。

次いで、先の池田氏の第二の論拠についてはどうか。池田知久「郭店楚簡『五行』の研究」（東京大学郭店楚簡研究会編『郭店楚簡の思想史的研究』第二巻、一九九九年所収）[六]は、先秦諸文献にも馬王堆『五行』と同様に経説・経解構造をとる文献があることに基づき、郭店『五行』にも本来は《説》があったのであり、「今回は偶然、一緒に出土しなかった」と推測した。これについて、浅野氏は、郭店『五行』が《説》を伴わずに《経》のみで出土したことを根拠として、「この結論（池田氏の《経》《説》同時成立説）は完全に破綻」したとする。

以上の浅野氏の批判を踏まえ、本書の見解を以下に述べる。先ず、《説》がなければ《経》が理解できない、という論拠に対する浅野氏の批判は、妥当なものと言えよう。《説》がなければ《経》が理解できないという主張には、既にして《経》《説》は同時の成立であるという前提が潜む危険があり、ややもすれば論点先取りの議論になる。《経》と《説》とが同時期の成立である論拠にはならない。

また、浅野氏の主張のように、郭店『五行』が《説》を伴わずに《経》のみで出土した現状を根拠とするならば、『五行』という文献は、先ずその《経》に相当する部分が先に成立し、馬王堆『五行』において確認されるような《説》に相当する部分は、《経》に遅れて成立した可能性は高まったと言える。しかしながら、現状の出土状況のみを根拠にして《経》《説》の成立時期を判断するのでは、埋葬者の意図や出土事情等の不可知的要素を完全に払拭したことにはならず、依然として「偶然」性を排除したことにはなるまい。もし、郭店『五行』が本来は《経》のみの文献であると結論するのであれば、それが一つの独立した文献として、どのような思想を具える文献であるのかを提示する作業が、研究の手続きとして求められよう。先ずは、本当に、「経文の字面を読んだだけでは、部外者に意味が分からないのは当然」なのか、実際に検討を加える必要がある。

また、池田氏は、郭店『五行』についても、依然として前説を維持し、《説》は今回「偶然、一緒に出土しなかった」だけとし、先秦諸文献にも同様の構造をとる文献のあることをその論拠とした。この論拠に対しては、浅野氏は批判を加えていない。しかしながら、他文献に《経》《説》構造のものがあるという状況は、『五行』までもが同じ《経》《説》構造をとる必然性を説明するのであろうか。他文献の状況は、たとえ『五行』が同じ《経》《説》構造をとる条件の一つを説明したとしても、《経》《説》構造をとる根本的な原因を説明しないであろう。もし、郭店『五行』にも《説》が伴っているという主張を批判するのであれば、単に郭店『五行』の出土状況という現状を以て、一方的に対論を提示するだけでは不十分である。むしろ、他文献の状況という外在的条件を根本的原因と同一視する誤謬に対して批判が加えられなければ、建設的な議論はおそらく期待できない。

二　問題提起

郭店『五行』と馬王堆『五行』との間に見られる構造的変化に関する根本的な原因は、現にある構造的特徴それ自体において説明されるべきものではない。両文献に生じた構造的な変化は、それを促す思想的な要請の結果として、これを説明する視点が必要であろう。要するに、《経》のみの郭店『五行』と、《説》を伴う馬王堆『五行』との間に、思想的な相違があるとするならば、その相違をもたらす思想的な要請こそが、新たに《説》が加わる根本的な原因と見なされるべきである。

では、《説》が加わった馬王堆『五行』と、《説》のない郭店『五行』とでは、具体的にどういった思想的な相違が認められるのか。もし、上記の視点で問題を解こうとするならば、この点が先ず明らかにされなければなるまい。そして、この点を明らかにするためには、先ず、郭店『五行』は、馬王堆『五行』とは別の文献であることをもう一度確認し、その独立性を認めた上で、改めてその思想を把握する必要がある。郭店『五行』を読むと称しながら、馬王堆『五行』の《説》に従ってそれを読解したのでは、両文献の思想的な違いはおろか、郭店『五行』の思想でさえも、それが明確になることは、原理的にあり得ない。

近年では、馬王堆『五行』と郭店『五行』とが違う文献であることを明言し、郭店『五行』独自の思想を解明しようとする研究もある。[九] 例えば、荀東鋒「簡、帛《五行》経文比較」(『学灯』第二十一期、http://www.confucius2000.com 二〇一二年)は、馬王堆『五行』《説》を根拠とした論証の仕方を避けながら、郭店『五行』の解釈を行っている。しかしながら、それらの多くは、解釈の妥当性を証明する具体例の提示が不十分であったり、論証の実証性に乏しいなど、その是非を客観的に検証できるものが少ないように思われる。また、子思や孟子といった具体的人物に作者を特定しようとする学派区分に対する関心が強いためか、考証の対象となる文献も予め大きく制限されている。

本書では、郭店『五行』の文章や概念の意味内容を確定するためには、同様或いは類似の表現を示す記載であれば、あらゆる文献の記載を考証の材料とする。もちろん、文献の時代性は考慮するけれども、学派区分にはこだわらない。本書では、以上のような問題意識に基づき、馬王堆『五行』《説》の解釈については、これを重要な参考資料としてその価値を認めつつも、その記載を無批判に踏襲したり、それに固執することはしない。郭店『五行』を一つの独立した文献と見なした上で、その思想を読み解いていく。

そして、本書のもう一つの方法論的特徴は、郭店『五行』の形態的な特徴の一つでもある、竹簡に付された特殊符号に着目し、その思想内容を構造的特徴に即して把握することにある。詳細は以下の本論にゆずるが、特殊符号とは、竹簡に確認できる四角形の符号を指す。図1の写真は、郭店楚簡の一部分であるが、竹簡の下部には、文字の他に、長方形の黒い印が確認できる。特殊符号とは、この長方形の黒い印のことである。写真のような特殊符号は、書誌学的には〝墨節《ぼくせつ》符号〟と呼ばれている。〝墨〟とは、墨《すみ》の意味で、〝節〟とは、節目を意味する。

こうした墨節符号は、郭店楚簡のみに見られるものではない(図2、図3、図6)。筆者はかつて、郭店楚簡の他に、包山楚簡(一〇)、望山楚簡(一一)、九店楚簡(一二)、曽侯乙墓竹簡(一三)等を対象に、墨節符号の使用状況を調査した(一四)。それによれば、とりわけ包山楚簡には、郭店楚簡のものと極めて類似した特殊符号が確認できた(図1、図2、及び図4、図5)。包山楚墓は、郭店楚墓とその墓制及び器物の形態が類似しているため、郭店楚墓の年代測定の基準ともされてきた。また両墓の間には、竹簡の文字だけでなく符号形態にも、類似が確認された。

また、九店楚簡においても、墨節符号が計五箇所に確認された。そのうちの一つは、第十三号簡に確認される(図3)。九店楚簡は、第十三号簡から、占書である「日書」と呼ばれる文献となり、それ以前とは書写形式が変化し、竹簡の上半分と下半分とに分けて記載される。つまり、第十三号簡以降の記載は、今で言うところの二段組みの書式となる。したがって、第十三号簡に付された墨節符号は、その前後で、記載内容及び書写形式が変化

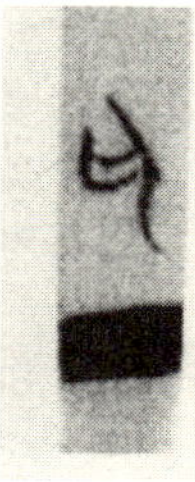
図1　郭店楚簡『五行』第十六号簡

図2　包山楚簡『文書』第一七七号簡

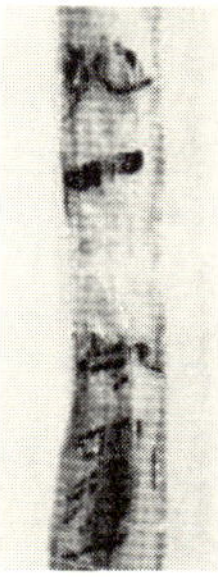
図3　九店楚簡『日書』第十三号簡

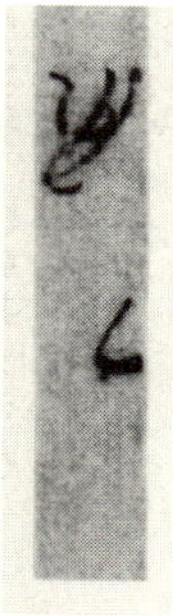
図4　郭店楚簡『性自命出』第六十七号簡

図5　包山楚簡『文書』第二〇一号簡

図6　曽侯乙墓竹簡　第三十号簡

することを知らせるものと考えられる。

このように、郭店『五行』と類似する墨節符号は、郭店楚簡以外の楚簡にも確認され、その機能については、それぞれの文献の内容に応じた説明の仕方が可能である。ところが、郭店『五行』に関しては、従来この符号が特に注目されることはない。もともと、郭店『五行』は、それほど語彙が豊富な文献ではなく、限られた概念を繰り返し用い、それを前後の章節で共有しながら論述を進めるという特徴がある。したがって、この文献をいくつかの部分に分ける必要性は、従来あまり認められなかったと推測される。だが筆者は、郭店『五行』に関しては、この墨節符号を手がかりとすることで、郭店『五行』の思想的特徴及び思想的主題の所在を、構造的特徴に即してより明確に把握できるものと考えている。墨節符号の存在が客観的に観察される事実であるならば、その機能を探求する作業が今後の研究の行程上にも必要であろう。本書は、その作業行程の一つを実践することで、郭店『五行』に関する新たな知見の獲得を目指すものである。

(一) 馬王堆漢墓帛書の古籍の分類については、暁菡「長沙馬王堆漢墓帛書概述」(『文物』一九七四年、第四期)、国家文物局古文献研究室『馬王堆帛書(壱)』(文物出版社、一九八〇年)等を参照の上、今は池田知久『馬王堆漢墓帛書五行篇研究』(汲古書院、一九九三年、以下、池田『帛書五行篇』)に従った。

(二) 出土状況及び古籍の分類については、湖北省荊門市博物館「荊門郭店一号墓」(『文物』一九九七年、第七期)、荊門博物館『郭店楚墓竹簡』(文物出版社、一九九八年、以下、『文物本』)を参照。

(三) 邢文「楚簡《五行》試論」(『文物』一九九八年、第十期)、徐少華「楚簡与帛書《五行》篇章結構及其相関問題」(『中国哲学史』二〇〇一年、第三期)、浅野裕一「『五行篇』の成立事情——郭店写本と馬王堆写本の比較——」(『中国出土資料研究』第七号、二〇〇三年)等。

(四) 邢文前掲論文、斎木哲郎「郭店楚簡「五行篇」覚書」(『東洋古典学研究』第八集、一九九九年)、池田知久「郭店楚簡『五行』の研究」(東京大学郭店楚簡研究会編『郭店楚簡の思想史的研究』第二巻、一九九九年所収。後、池田知久編『郭店楚簡儒教研究』汲古書院、二〇〇三年所収)、龐樸『竹帛《五行》篇校注及研究』(万巻楼、二〇〇〇年)、浅野前掲論文等。

(五)　影山輝国「思孟五行説——その多様なる解釈と龐樸説——」(『人文科学紀要』第八十一集、東京大学人文科学科、一九八五年)、趙光賢「新五行説商榷」(『文史』第七輯、一九七九年)、島森哲男「慎独の思想」(『文化』第四十二巻第三・四号、一九七九年)等。

(六)　後、浅野裕一『黄老道の成立と展開』(創文社、一九九二年)第三部第九章所収。引用及び本文に示した頁数は同書による。

(七)　この他、《経》《説》異時成立説を主張するものに、陳麗桂「従郭店竹簡〈五行〉検視帛書〈五行〉説文対経文的依違情況」、潘小慧「《五行篇》的人学初探——以「心—身」関係的考察為核心展開」(ともに陳福浜主編『本世紀出土思想文献与中国古典哲学研究論文集』上冊、輔仁大学出版社、一九九九年所収)、丁四新『郭店楚墓竹簡思想研究』(東方出版社、二〇〇〇年)、斎木哲郎「郭店楚簡「五行篇」覚書」(前掲)、邢文前掲論文、李学勤「従簡帛佚籍《五行》談到《大学》」(『孔子研究』一九九八年、第三期)、劉信芳「《五行》述略」(同『簡帛五行解詁』芸文印書館、二〇〇〇年所収)等がある。

(八)　後、池田編『郭店楚簡儒教研究』(前掲)所収。

(九)　梁濤『郭店竹簡与思孟学派』(中国人民大学出版社、二〇〇八年)、宋鵬飛「先秦至漢「慎独」観念的発展——兼論郭店楚簡《五行》「慎独」的解釈」(『東呉中文線上学術論文』二〇〇八年、第三期)、陳来『竹帛《五行》与簡帛研究』(三聯書店、二〇〇九年)、陳麗桂「再論簡帛《五行》経、説文之歧異」(簡帛網、http://www.bsm.org.cn 二〇一〇年)、荀東鋒「郭店楚簡《五行》釈義」(『古籍整理研究学刊』二〇一一年、第四期)、高正偉「論《五行》説文対孟子仁義観的発展」(『孔子研究』二〇一二年、第五期)、孫希国「簡帛《五行》篇的発現与研究」(『遼寧学院報』第十四巻第四期、二〇一二年)、孫希国「馬王堆漢墓帛書《五行》篇〝説〟文与《孟子》的関係——兼論何為〝子思唱之、孟軻和之〟」(『古代文明』第六巻第一期、二〇一二年)、荀東鋒「簡、帛《五行》経文比較」(『学灯』第二十一期、http://www.confucius2000.com 二〇一二年)等。

(一〇)　包山楚簡は、一九八六年に湖北省荊門市十里鋪で発掘された。二号墓からは、合計二百七十八枚(有字簡)の竹簡が発掘された。その内容は、占い師が墓主の吉凶禍福や病状を問う「卜筮祭禱記録」が主なもの。該墓の造営年代は、前三一八年から前二九八年の間と推定される。湖北省荊州沙鉄路考古隊『包山楚簡』(文物出版社、一九九一年)上冊、三三二頁参照。

(一一)　望山楚簡は、一九六五年に湖北省荊州市裁縫店で発掘された。一号墓からは、合計二百七枚の竹簡が出土し、その内容は、主に卜筮祭祀の記録である。二号墓からは、合計六十六枚の竹簡が出土し、その内容は、副葬品目録の遺策である。湖北省文物考古研究所『江陵望山沙塚楚墓』(文物出版社、一九九六年)第二章「望山一号墓」参照。

（一二）　九店楚簡は、一九八一年に湖北省江陵県で発掘された。竹簡は、五六号墓と六二一号墓から出土した。五六号墓からは、有字簡が計百四十六枚発掘され、その内容は、大多数が日書である。六二一号墓からは、有字簡が計八十八枚発掘されたが、その全部が欠損している。その内容は、料理に関するものと推測されている。六二一号墓は、その出土文物の類型から、戦国中期晩段と推定され、五六号墓は戦国晩期早段の造営と推定される。湖北省文物考古研究所『九店楚簡』（中華書局、二〇〇〇年）「出版説明」及び「五六号、六二一号楚墓発掘報告」参照。

（一三）　曽侯乙墓竹簡は、一九七八年に湖北省随州市で発掘された。出土した竹簡は、計二百四十枚。該墓の造営年代は、前四三三年から前四〇〇年の間と推定される。湖北省博物館『曽侯乙墓』（文物出版社、一九八九年）第四章「墓主和年代」参照。

（一四）「戦国竹簡に付された特殊符号の形態とその時代性及び地域分布に関する研究」（『高梨学術奨励基金年報　平成22年度研究成果報告』財団法人高梨学術奨励基金、二〇一一年）。

第二章　郭店楚簡『五行』第一段目の思想と構造

はじめに

郭店『五行』の検討に先立ち、竹簡に付されている特殊符号について、説明しよう。

郭店『五行』の符号を専論した研究は今のところ見あたらない。これまでに発表された『五行』の訳注や釈文の類には、符号を表記するものもある。しかしながら、符号がいかなる意味をもつのかについては、未だ統一的な見解はなく、十分な注意が払われていないように思われる。

一口に符号と言っても、その形態と機能は様々である。例えば、李零『郭店楚簡校読記（増訂本）』（北京大学出版社、二〇〇二年）の凡例は、郭店楚簡に見える符号の形態を「鉤形」「墨釘」「粗短横」「短横」「短撇」「小点」の六つに分類している。その一例を写真図版として挙げれば、図7のとおり。[一]

じつのところ、同じ郭店楚簡であっても、符号の形態と機能との関係は必ずしも一定していない。全ての文献に共通する規則性を厳密に規定するのは、難しいように思われる。

図7　「鉤形」符号（『性自命出』第六十七号簡）

「墨釘」符号（『緇衣』第四十七号簡）

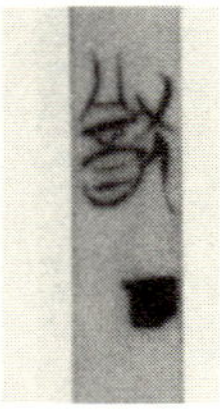

「短横」符号（『五行』第二十五号簡）

今、写真図版を見ると、郭店『五行』に確認できる符号の形態は、李零氏の用語に従えば、「短横」と「墨釘」の二つである。これまで発表された郭店『五行』に関する釈文・注釈では、「重文」・「合文」符号は文字に書き改められ、「短横」符号は省略されて「墨釘」符号だけが表記されている。ちなみに、郭店『五行』において「短横」の符号が確認されるのは、第二十四号簡から第二十九号簡までの間に限られる。

本書が注目するのは「墨釘」符号である。従来は章節のまとまりを示す符号として釈文・注釈においても表記されるが、実際に写真図版で確認してみると、これまで「墨釘」として一括されてきたものには、二種類のものがあることに気がつく。

図8のaは、竹簡の右隅に記される「墨釘」符号の写真図版である。これらの「墨釘」符号は、これまでの釈文・注釈においても、概ね章節や一文のまとまりを示すものとして記載されている。

一方、b、cの符号は、竹簡の全幅に渉り記されているが、これまでに発表された釈文・注釈においては、aの符号と区別されることなく表記されている。しかし、一見すれば明らかなように、aとb、cとの符号とでは、形に違いがある。もし、この二種類の符号が郭店『五行』において、意図的に使い分けられていたとするならば、これまで注意されることのなかったbとcの符号は、いかなる意味をもつのかが問題となる。以下、aの符号を墨釘符号（「■」）と表記し、bとcの符号を墨節符号（「█」）と表記する。

図8

a 『五行』第二十四号簡

b 『五行』第十六号簡

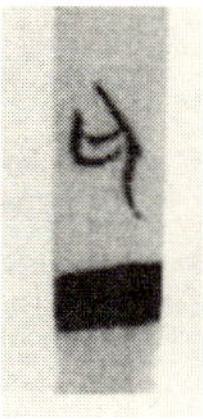

c 『五行』第四十四号簡

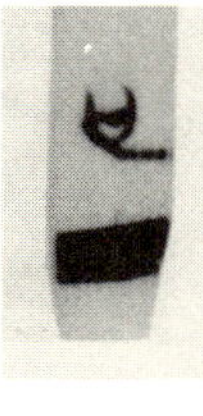

郭店楚簡中、『五行』の他に、竹簡の右隅に記される墨釘符号(「■」)が確認されるのは、『老子』(甲・乙・丙の三篇)『緇衣』『六徳』『語叢四』『太一生水』においてである。例えば、図7で「墨釘」の参考例として写真を示した『緇衣』の場合、墨釘符号(「■」)は全二十三箇所に確認され、しかも全篇末には「二十有三」の文字が確認される。このことから推して、これは章節のまとまりを意味するものと考えられる。[三]

一方、竹簡の全幅に渉り記される墨節符号(「▬」)が確認されるのは、『魯穆公問子思』『唐虞之道』『六徳』においてである(図9)[三]。

『魯穆公問子思』『唐虞之道』における墨節符号(「▬」)は、いずれも全篇の末に記されるもので、一つの篇の終わりを示すものと理解される。『六徳』の符号(第二十六号簡)については、戦国楚簡研究会『新出土資料と中国思想史』(『中国研究集刊』別冊、第三十三号、二〇〇三年)は、「書誌情報」の「用語解説」において「墨節」と名付け、「横に引かれた墨線。篇・章の末尾を表す」ものの例として挙げている。

図9 郭店『五行』以外の墨節符号(「▬」)

『魯穆公問子思』第八号簡

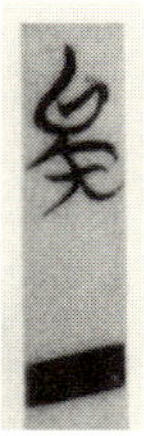

『唐虞之道』第二十九号簡

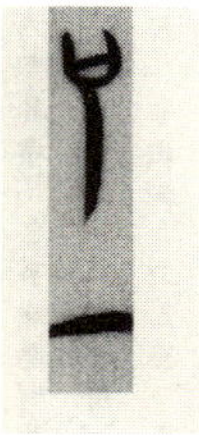

『六徳』第二十六号簡

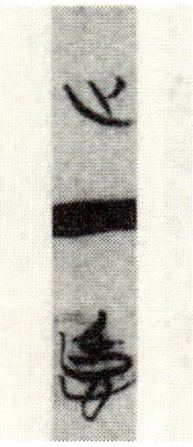

『六徳』第三十三号簡

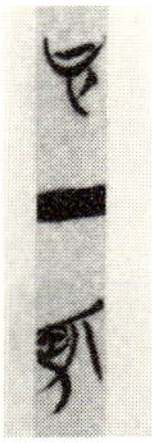

表1　郭店『五行』構造図

章	本文	段目
第一章	五行。仁～謂之行■ 義、～謂之行■ 禮～謂之〔行■〕 〔智〕～謂之行■ 聖～德之行■ 德之行五和～德、天道也	第一段目
第二章	君子、無中心之憂～無德■	第一段目
第三章	五行皆形于內～謂之志士	第一段目
第四章	善弗爲無近～無德■	第一段目
第五章	不仁、思不能精～此之謂〔也〕■ 〔不〕仁、思不能精～心不能降■	第一段目
第六章	仁之思也精～形則仁■ 智之思也長～形則智■ 聖之思也巠～形則聖■	第一段目
第七章	淑人君子～愼其獨也■	第一段目
	〔瞻望弗〕及～愼其〔獨也■〕	段目
第八章	〔君〕子之爲善也～〔有與始、无與〕終也	段目
第九章	金聲而玉振之～玉振之	段目
第十章	不聰不明～不樂無德■	段目
第十一章	不變不悅～不愛不仁■	段目
第十二章	不直不泄～不行不義■	段目
第十三章	不遠不敬～不恭無禮■	段目

以上の状況からすれば、『五行』における墨節符号（「■」）もまた、一定の文章のまとまりごとに付される符号である可能性を検討する必要があろう。

そこで、仮に第十六号簡と第四十四号簡に確認される墨節符号（「■」）を一つの大きな段の分かれ目を示すものとするならば、郭店『五行』の《経》は、計三つの段に分かれていることになる。すなわち、第一号簡から第十六号簡までが第一段目、第十七号簡から第四十四号簡までが第二段目、そして第四十五号簡から篇末の第五十号簡までが第三段目となる。従来、この符号の形態に言及する研究はないので、このように三つの段に分けることはなされないが、これを今度は従来の章番号に置き換えて言うならば、第一段目は第一章から第七章前半まで、第二段目は第七章後半から第二十一章まで、第三段目は第二十二章から第二十八章までとなる。[四]

今、その構造を示せば、表1のとおりである。

表の上欄には、郭店『五行』の章番号を記した。表の中欄には、各章の冒頭の言葉と末尾の言葉とを挙げ、併せて、各々の文末に付される墨釘符号（「■」）と、墨節符号（「■」）とを記した。表の下欄には、墨節符号（「■」）に従ったところの段番号を記し

段目	章	本文
第二	第十四章	未嘗聞君子道～此之謂也■
	第十五章	聞君子道、聰也～此之謂也■
	第十六章	見而知之、智也～同則善■
	第十七章	顏色容貌～仁也■
	第十八章	中心辯～果也■ 不以小道害大道、簡也■ 有大罪而大誅之、行也■ 貴貴、其等尊賢、義也■
	第十九章	以其外心與人交～禮也■
	第二十章	不簡不行～不辨於道也■ 簡之爲言也～此之謂也■
	第二十一章	君子集大成～士之尊賢者也■
第三段目	第二十二章	耳目鼻口手足六者～同則善■
	第二十三章	目而知之、謂之進之
	第二十四章	喩而知之、謂之進之
	第二十五章	譬而知之、謂之進之
	第二十六章	幾而知之、天也～此之謂也■
	第二十七章	天施諸其人、天也。其人施諸人、人也■
	第二十八章	聞道而悅者、好仁者也■ 聞道而畏者、好義者也■ 聞道而恭者、好禮者也■ 聞道而樂者、好德者也■

た。

　もし仮に、これら墨節符号（「■」）が偶然の産物でなく、各段の構造的乃至は思想的特徴を反映した必然の産物であるならば、その特徴とは具体的にどのようなものであるのか。今後、墨節符号（「■」）を手がかりとすることで、郭店『五行』の思想の重点と主題の所在を実際の構造的特徴に即して把握することができれば、思想内容の読解は、従来よりもより着実なものとなるはずである。また、そのように郭店『五行』の思想を構造的特徴に即し、類層的なものとして把握することができれば、今度は文献としての編纂過程を明らかにすることに対しても、一つの手がかりとなることが期待されよう。

　以下、第一番目に相当する部分（以下、第一段目）について、各章節の結びつき方に着目しながら、その文章の構造を確認し、第一段目の構造的特徴を明らかにする。併せて、「形於内」「中心」「精」「長」「巠」「一」「慎独」といった概念に着目しながら、その思想について確認し、第一段目の思想的特徴を明らかにする。とりわけ、思想的特徴に関しては、これまで多様に解釈される「形於内」（第一章）という言葉の意味を検討することで、その理解の助けとしたい。

一

先ず、冒頭の郭店『五行』第一章には、次のようにある。(五)

五行。

息（仁）、型（形）於內、胃（謂）之悳（德）之行、不型（形）於內胃（謂）之行■。

義、型（形）於內、胃（謂）之悳（德）之行、不型（形）於內胃（謂）之行■。

豊（禮）、型（形）於內、胃（謂）之悳（德）之行、不型（形）於內胃（謂）之〔行■。

智、型（形）〕於內、胃（謂）之悳（德）之行、不型（形）於內胃（謂）之行■。

聖、型（形）於內、胃（謂）之悳（德）之行、不型（形）於內胃（謂）之德之行■。

悳（德）之行五和、胃（謂）之悳（德）、四行和、胃（謂）之善。善、人道也。悳（德）、天道也。


〔五行。

仁、内に形はる、之れを徳の行ひと謂ひ、内に形はれざる、之れを行ひと謂ふ■。

義、内に形はる、之れを徳の行ひと謂ひ、内に形はれざる、之れを行ひと謂ふ■。

礼、内に形はる、之れを徳の行ひと謂ひ、内に形はれざる、之れを〔行ひ〕と謂ふ■。

〔智〕、内に〔形はる〕、之れを徳の行ひと謂ひ、内に形はれざる、之れを行ひと謂ふ■。

聖、内に形はる、之れを徳の行ひと謂ひ、内に形はれざる、之れを徳の行ひと謂ふ■。

徳の行ひ、五つ和する、之れを徳と謂ひ、四行和する、之れを善と謂ふ。善は、人道なり。徳は天道なり。〕（第一章[6]）「仁」「義」「礼」「智」「聖」の五つを内に形《あら》われるものと、内に形われないものとに分け、それぞれを徳の行いとただの行いとに分ける[7]。その上で、「仁」「義」「礼」「智」の「四行」を「善」とし、それに「聖」を加えた「五行」を「徳」として、それぞれを「人道」と「天道」とする。

句法の単純さとは裏腹に、この第一章の意味内容を具体的に説明することは、それほど容易ではないだろう。わけても、繰り返し述べられる「内に形はる」の語については、この表現が用いられる問題意識も含め、その意味を具体的に説明することは決して容易ではない。実際これまで、この言葉の意味については、「内なる心に発現した境地」と解釈されたり[8]、或いは、「心に内在する「五行」(仁義礼智聖)が顕われた状態[9]」、「人の会得を経て、人心に形をそなえたもの[10]」、「一定の努力と段階を経て、それが心中に形を成すこと[11]」、「人間の内面において(先天的自然的に)形作られ[12]」ること、「人間の内部に形成されている[13]」等と解釈され、或いは、そもそも「内より形はる」と読んで「個人の内なる本来的善なる心に基づく自発的実践[14]」と解釈されるなど、定説がない。

このように解釈が分かれるのは、端的に言えば、他文献における「形於内」という言葉の一般的な用例から帰納して、郭店『五行』における意味を確定する、という方法よりは、むしろ、解釈者それぞれの考える『五行』の内在的な論理と思想から帰納して、この言葉の意味を確定する、という方法が主に採られているため、と思われる。そこで、本書では先ず、他文献における「形於内」の用例を確認する。

戦国時代から漢代にかけての諸子諸文献における「形於内」の用例は、わずか八例に過ぎない[15]。そこで、ここではその全てを確認したい。先ず、そのうちの五例を列挙すると以下のとおりである。

①身君子之言、信也。中君子之意、忠也。忠信形於内、感動應於外。故禹執干戚、舞於兩階之閒、而三苗服。鷹翔川、魚鱉沈、飛鳥揚、必遠害也。(『淮南子』繆称篇[16])

「君子の言を身にするは、信なり。君子の意を中にするは、忠なり。忠信、内に形はれ、感動、外に応ず。故に禹は干戚を執り、両階の間に舞ひて、三苗、服す。鷹、川に翔れば、魚鱉は沈み、飛鳥は揚り、必ず害を遠ざくるなり。」

②聖人在上、民化如神、情以先之。動於上不應於下者、情令殊也。……信、君子之言、忠、君子之意。忠信形於內、感動應乎外、賢聖之化也。(『文子』精誠篇)(一七)

「聖人、上に在れば、民、化すること神の如きは、情、以てこれに先ずればなり。上に動きて下に応ぜざるは、情令、殊なればなり。……信は君子の言、忠は君子の意。忠信、内に形はれ、感動、外に応ずるは、賢聖の化なり。」

③精神形於內、而外諭哀於人心、此不傳之道也。(一八)使俗人不得其君形者而效其容、必爲人笑。(『淮南子』覧冥篇)

「精神、内に形はれて、外、哀しみを人心に諭すは、此れ不伝の道なり。俗人の、其の形に君たるものを得ざる者をして、其の容を効《なら》はしむれば、必ず人の笑ひと為らん。」

④昔杞梁戰而死、其妻悲之、向城而哭、隅爲之崩、城爲之阤、君子誠能刑於內、則物應於外矣。夫土壤且可爲忠、況有食穀之君乎。(『説苑』善説篇)(一九)

「昔、杞梁、戦して死し、其の妻、之れを悲しみ、城に向ひて哭せば、隅、之れが為に崩れ、城、之れが為に阤《くず》る。君子、誠、能く内に刑《あら》はるれば、則ち物、外に応ず。夫れ土壌すら且つ忠を為すべし、況んや、穀を食すこと有るの君をや。」

⑤乃原心術、理情性、以館清平之靈、澄澈神明之精、以與天和相嬰薄。所以覽五帝三王、懷天氣、抱天心、執中含和、德形於內、以著凝天地、發起陰陽、……推之斯行。乃以陶冶萬物、游化群生、唱而和、動而隨、四海之內、一心同歸。……德不內形、而行其法藉、專用制度、神祇弗應、福祥不歸、四海弗賓、兆民弗化。故德形於內、治之大本。此鴻烈之泰族也。(『淮南子』要略篇)

「乃ち心術に原づき、情性を理め、以て清平の霊を館し、神明の精を澄澈し、以て天和と相ひ嬰薄す。所以に五帝三王を覧れば、天気を懐き、天心を抱き、中を執り和を含み、徳、内に形はれ、以て天地を莙凝《きんぎょう》し、陰陽を発起し……之れを推せば斯に行はる。乃ち以て万物を陶冶し、群生を游化し、唱へて和し、動きて随ひ、四海の内、心を一にし帰を同じくす。……徳、内に形はれずして、其の法籍を行ひ、専ら制度を用ふれば、神祇は応ぜず、福祥は帰せず、四海は賓せず、兆民は化せず。故に徳、内に形はるるは、治の大本なり。此れ鴻烈の泰族なり。」

『淮南子』繆称篇①と『文子』精誠篇②は、「忠信」のまごころの心情が他者を感化する原因となることを述べ、『淮南子』覧冥篇③は、「形に君たる」まことの「精神」こそが他者の感化を可能にするのであって、単に「其の容を効《なら》」う外形だけの振る舞いは、決してそれを可能にしないことを述べる。『説苑』善説篇④は、夫の戦死を悲しむ妻の偽らざるまことの心情が他物に感じて影響を及ぼすことを述べ、『淮南子』要略篇⑤は、「天気」「天心」といった天与の内在的な徳性を発揮させてこそ、はじめて万物万民に対する感化が可能なのであって、「法籍」「制度」といった外在的技術の運用は、決してそれを可能にしないことを述べている。総じて、他者を感化するに至る思いの一心さや、まことさが「内に形はる」と表現されていることがわかる。

以上の用例は、他者の感化に関する思想が最も顕著なものであるが、以下に挙げる残りの三例についても、その事情にほぼ変わりはない。

⑥抱質效誠、感動天地、神諭方外。令行禁止、豈足爲哉。古聖王至精形於内、而好憎忘於外、出言以副情、發號以明旨、陳之以禮樂、風之以歌謠、業貫萬世而不壅、横扃四方而不窮、禽獸昆蟲與之陶化。又況於執法施令乎。故太上神化、其次使不得爲非、其次賞賢而罰暴。（『淮南子』主術篇）

「質を抱き誠を効せば、天地を感動し、神は方外に諭る。令して行はれ禁じて止むは、豈に為すに足らんや。古の聖王は、至精、内に形はれて、好憎、外に忘られ、言を出だして以て情に副《そ》ひ、号を発して以て旨を明らかにし、之れを陳ぬるに礼楽を以てし、之れを風するに歌謡を以てし、業は万世を貫きて壅がらず、四方に横扃して窮まらず、禽獣昆虫、之れと与に陶化す。又た、況んや法を執り令を施すに於てをや。故に太上は神化し、其の次は、非を為すを得ざらしめ、其の次は賢を賞して暴を罰す。」

⑦君之在國都也、若心之在身體也。道德定於上、則百姓化於下矣。（二〇）戒心形於内、則容貌動於外矣。正也者、所以明其德。知得諸己、知得諸民、從其理也。（『管子』君臣下篇）

［君の国都に在るや、心の身体に在るが若きなり。道徳、上に定まれば、則ち百姓、下に化す。戒心、内に形はるれば、則ち容貌、外に動く。正なる者は、其の徳を明らかにする所以なり。これを己に得るを知り、これを民に得るを知るは、其の理に従ふなり。」］

⑧故曰德無細、怨無小。豈可無樹德、而除怨務利於人哉。利出者福反、怨往者禍來。刑於内者應於外。不可不愼也。（『説苑』復恩篇）

［故に曰はく、徳に細無く、怨みに小無し。豈に徳を樹つること無くして、怨みを除き利を人に務むべけんや。利、出づる者は、福、反へり、怨み往く者は、禍ひ来たる。内に刑《あら》はるる者は、外に応ず。慎まざるべからざるなり。」］

『淮南子』主術篇⑥に「至精形於内」とあるのは、思いの一心さや、まことさを指すと言え、それを伴わない単なる「賞賢」「罰暴」「執法」「施令」といった外在的技術の運用と対比される。そして、その結果として言及される「好憎忘於外」についても、一見すると意味が定かでないが、「禽獸昆蟲與之陶化」「太上神化」といった言葉からすれば、やはりそれも他者の感化を意味するものとして、自分自身が好憎の感情を忘れるというのではなく、他者の自分に対する好憎の感情が忘れられるの意味であると考えられる。『管子』君臣下篇⑦についても、この場合も「百姓化於下」といった言葉からすれば、やはり他者の感化が主題となっていることに違いはなく、「戒心形於内、則容貌動於外」とあるのは、要するに自己から他者へと及ぼされる対他的な影響関係を描く図式をそのまま個体内における心と容貌との関係に適用したものであって、その影響関係の図式自体に変わりはない。『説苑』復恩篇⑧は、禍福の直接の原因が外在的な諸事物にあるのではなく、自分自身の行為にあることを示すために「内に刑はる」の語を用いており、この場合のみは、もはや、まことさや、一心さといった問題は主題となっていないけれども、「利出者福反、怨往者禍來」「應於外」といった表現からすれば、対他的な影響関係の図式自体は、ここにも看取される。

他文献に「内に形はる」とあるときの「内」とは、「外」「外物」「四海」といった外なる他者を向こうに据えた上での「内」である。（三一）そして、「忠信」（『淮南子』繆称篇、『文子』精誠篇）、「誠」（『説苑』善説篇）、「至精」（『淮南子』主術篇）といった言葉に顕著なように、「内に形はる」という言葉は、四海を化するとか、他者の感動を引き起こすといった、外なる他者を感化するための条件として、「内」なる自己の道徳的充実を説く文脈において言及されることがわかる。そうであるならば、郭店『五行』における「形於内」の語もまた、それらと同様の意味である可能性が先ず考慮されるべきではないか。（三二）以下、そのことを念頭に置きながら、第二章から順に見ていきたい。

二

第二章には、次のようにある。

君子、亡（無）宙（中）心之惪（憂）、則亡（無）宙（中）心之智。亡（無）宙（中）心之智、則亡（無）宙（中）心〔之兌（悅）〕。亡（無）宙（中）心〔之兌（悅）、則不〕安。〔不〕安則不藥（樂）。不藥（樂）則亡（無）悳（德）■。

［君子、中心の憂ひ無ければ、則ち中心の智無し。中心の智無ければ、則ち中心〔の悦び〕無し。中心〔の悦び〕無けれ

ば、〔則ち〕安《やす》から〔ず〕。安から〔ざれば〕、則ち楽しまず。楽しまざれば、則ち徳無し■。」（第二章）

心中から沸き起こる切実な「憂」いがなければ、その「憂」いの解決を希求した切実な知的欲求と、それに根ざした切実な「智」を得ることはないし、そのような「智」がなければ、その「智」を得たことに対する切実な「悦」びもあり得ない。そして、そうした「悦」びを欠いたままの行為では、「安」んずることはないし、「楽」しむこともないから、そうした行為に「徳」はない、というのである。これは、行為の道徳的価値を外面的な形式においてでなく、内面的な動機において判定しようとする思想と言える(二三)。

続く第三章と第四章とは、墨釘符号（「■」）に従えばひとまとまりになるので、まとめて見てみよう。

五行皆型(形)于内、而時行之、胃(謂)之君(子)。士有志於君子道、胃(謂)之時(志)士。

「五行、皆な内に形はれて、時に之れを行ふ、之れを君〔子〕と謂ふ。士の、君子道に志すこと有る、之れを志士と謂ふ。」（第三章）

善弗爲亡(無)近、悳(徳)弗之(志)不成。智弗思不得。思不淸(精)不詧(察)、思不倀(長)不型(形)。不型(形)不安、不安不藥(樂)、不藥(樂)亡(無)悳(徳)■。

「善は、為さざれば、近づくこと無く、徳は、志さざれば、成らず。智は、思はざれば、得られず。思ひ、精ならざれば、察《あき》らかならず、思ひ、長からざれば、形はれず。形はれざれば、安からず、安からざれば、楽しまず、楽しまざれば、徳無し■。」（第四章）

「五行」が「内に形は」れるべきことは、既に第一章にも示されていたが、第三章では更に、「時行」と「志」という新たな観点が付け加わる。第四章でも、同じく「志」が言及され、「善」は実際の行動が求められるのに対し、「徳」は実際の行動のみならず、「徳」を志す内面的な動機が求められる。そして、「徳」を実現する方法として、新たに「智」と「思」とが提示される(二四)。

続く第五章は、次のとおり。

不𢚩(仁)、思不能淸(精)。不智、思不能倀(長)。不𢚩(仁)不智、未見君子、悥(憂)心不能𢟪(惙)𢟪(惙)。既見君子、心不能兑(悅)(二五)。亦既見㞢(之)、亦既詢(覯)㞢(二六)(之)、我心則〔兑(悅)〕、此之胃(謂)〔也〕■。

「不仁なるは、思ふこと精なること能はざればなり。不智なるは、思ふこと長きこと能はざればなり。不仁、不智なるは、未だ君子を見ざれば、憂心、惙惙《てつてつ》たること能はず。既に君子を見るも、心、悦ぶ能はず。亦た既に之れを見、亦た既に之れに覯《あ》へば、我が心は則ち〔悦ぶ〕、とはこの謂〔なり〕■。」（第五章）

「不仁」「不智」であれば、君子に会えないことを憂うこともなく、そもそも君子を思い慕うことがないのであるから、たとえ会ったとしても、それで心が晴れることもない、というのが一文の主旨である。そして、「不仁」「不智」の原因は、「思不能精」「思不能長」とあるように、思い方の不備に求められる。この第五章に至り、先の第四章に「思ひ、精ならず」とあったのは、具体的には「仁」についてのことであり、「思ひ、長からず」とあったのは、「智」についてのことであったことがわかる。

第五章は、さらに次のように続く。

〔不〕𢚩(仁)、思不能淸(精)。不聖、思不能𦑣(巠)。不𢚩(仁)不聖、未見君子、悥(憂)心不能忠(忡)忠(忡)。既見君子、心不能降■。

「〔不〕仁なるは、思ふこと、精なること能はざればなり。不聖なるは、思ふこと、巠なること能はざればなり。不仁、不聖は、未だ君子を見ざれば、憂心、忡忡たる能はず。既に君子を見るも、心は降る能はず■。」（同上）

先には「不仁」と「不智」との組み合わせであったのが、ここでは「不仁」と「不聖」との組み合わせになる。君子との出会いと、「憂」との関係によってそのことを説明する点や、「不聖」の原因を思い方の不備に求める点は、先の「不智」についてと同様である。

「思」「精」「長」「智」などの概念には、第四章との関係が窺われる一方で、この第五章では、「仁」「智」「聖」という徳目と、「思」という行為との関係が新たに示唆される。以下に確認するように、これら概念の思想的な結びつき方については、次の第六章において、更に詳しく説明される仕組みになっている。

三

続く第六章は、次のとおり。

𢜫(仁)之思也清(精)。清(精)則謨(察)、謨(察)則安、安則恩(温)、恩(温)則兑(悦)、兑(悦)則𢡺(戚)、𢡺(戚)則新(親)、新(親)則悉(愛)、悉(愛)則玉色、玉色則型(形)、型(形)則𢜫(仁)■。

[仁の思ふや、精。精なれば則ち察《あき》らか、察《あき》らかなれば則ち安らか、安らかなれば則ち温《おだ》やか、温《おだ》やかなれば則ち悦び、悦べば則ち戚《した》しみ、戚《した》しめば則ち親しく、親しければ則ち愛し、愛すれば則ち玉色、玉色なれば則ち形はれ、形はるれば則ち仁■。](第六章)

冒頭に「仁之思也精」とあることから、第五章に「(不)仁、思不能精」とあったのは、この第六章の記述を示唆したものであることがわかる。以下、「仁」「智」「聖」を実現するための方法として「思う」ことが提示され、それを実現するに至るまでの過程が詳しく記述される。

ここでは、「仁」を実現するための方法として、「思」いを「精」にすることが主張されるが、「精」とは、『管子』心術上篇に「世人之所職者精也。去欲則宣、宣則靜矣。靜則精、精則獨立矣。獨則明、明則神矣」[世人の職とする所の者は、精なり。欲を去れば則ち宣び、宣びれば則ち静。静なれば則ち精、精なれば則ち独立す。独なれば則

ち明、明なれば則ち神」とあるような、心に雑念のない意思の専一な状態を指すと考えられる。(二七)

郭店『五行』第六章は、更に次のように続く。

> 智之思也倀(長)。倀(長)則得、得則不亡(忘)、不亡(忘)則明、明則見臤(賢)人、見臤(賢)人則玉色、玉色則型(形)、型(形)則智■。
>
> 「智の思ふや長し。長ければ則ち得、得れば則ち忘れず、忘れざれば則ち明らか、明らかなれば則ち賢人を見、賢人を見れば則ち玉色、玉色なれば則ち形はれ、形はるれば則ち智■。」(同上)

冒頭に「智之思也長」とあることから、第五章に「不智、思不能長」とあったのは、この第六章の記述を示唆したものであることがわかる。(二八) なお、「智」を実現するための思い方として言われる「長」とは、思い方を持続的に保つことを指すのだろう。

第六章は、次のように続く。

> 聖之思也翌(巠)。翌(巠)則型(形)、型(形)則不亡(忘)、不亡(忘)則聰、聰則耆(聞)君子道、耆(聞)君子道則玉音、玉音則型(形)、型(形)則聖■。
>
> 「聖の思ふや巠。巠なれば則ち形はれ、形はるれば則ち忘れず、忘れざれば則ち聡く、聡ければ則ち君子道を聞き、君子道を聞けば則ち玉音、玉音なれば則ち形はれ、形はるれば則ち聖■。」(同上)

「聖」に関しても、冒頭に「聖之思也巠」とあることから、先の第五章に「不聖、思不能巠」とあったのは、この第六章の記述を示唆したものであることがわかる。(二九)

文中、「聖」を実現するための「思」い方は、「翌」と表現される。この「翌」字は、「羽」と「巠」とから構成される文字と解釈されるが、馬王堆『五行』では「輕」に作る。郭店『五行』と馬王堆『五行』とでは、「羽」に従うか、「車」に従うかの違いはあるものの、いずれも共通して「巠」字を構成要素とする。重沢俊郎『原始儒家思想と経学』(岩波書店、一九五四年)第二部一「經の成立及び其の意義」は、「經」の基本義を分析する中で「巠」字に注目し、「巠に从ふ數多の文字即ち「莖」「脛」「頸」「鋞」等が凡て直の概念と結合した意味を示す」ことに基づき、その「貫通の概念」が「恆常不變の概念に發展」したとする。(三〇) おそらくは、郭店『五行』の「巠」字もまた、その他多くの「巠」に従う文字と同様に、直、貫通、そして恒常不変であることに、その基本義があると考えられる。(三一)

この第六章では、「仁」「智」「聖」の徳目を個別に提示した上で、「思」いを専一にし、まことにすべきことを「精」「長」「巠」といった異なる言葉によって、その思い方の質的違いを示唆しながら明示し、「玉色則形、形則仁」「玉色則形、形則智」「玉音則形、形則聖」とあるような、自己の徳性が視覚的聴覚的対象として「形はれ」るべきことが主張されているのである。(三二)

こうして、第一段目最後の章である第七章は、『詩経』曹風鳲鳩篇の句を引用して次のように結ぶ。

要(淑)人君子、亓(其)義罷(一)也。能爲罷(一)、肰(然)句(後)能爲君子。君子慎(愼)亓(其)蜀(獨)也■。

[淑人君子は、其の義、一なり。能く一為りて、然る後に能く君子為る。君子は其の独を慎むなり■。](第七章)

第一章から第六章までの各章節は、「思」「精」「長」「巠」といった概念に象徴されるように、同じ概念を互いに共有していたのに対し、この第七章には、これまでの章節に繰り返された概念は、一切見あたらない。この第七章は、第一段目の最後にあって、新たに『詩経』曹風鳲鳩篇の詩を引き、「一」「慎独」といった新たな概念を提示することで、「中心」(第二章)から「憂」い(第四章、第五章)、「思」いを「精」「長」「巠」にする(第六章)、というこれまでの主張を総括する役割にある、と考えられる。(三三)

四

以上、第一段目の思想と構造を確認した。ここで改めて、冒頭第一章の「内に形はる」の意味を解釈するならば、次のようになる。すなわち、郭店『五行』第一章の「内に形はる」の「内」とは、「外」なる他者を向こうに据えた上での「内」であり、その一文は、外なる他者の改変を直接的に目指すのではなく、先ずは「中心」から「憂」い(第二章)、「思」いを「精」「長」「巠」(第六章)、「一」にし、「独を慎」む(第七章)ことによって、最終的には「仁」「義」「礼」「智」「聖」の「五行」を体現するといった、「内」なる自己の道徳的充実を主張するもの、と考えられる。そして、伝世文献の諸例と異なり、郭店『五行』第一章の「形於内」という一文には、「外」に関する言及がなく、それが「内に形はる」ことと、その否定形である「内に形はれざる」ことによって「徳の行」いとただの「行」いとを峻別するのは、自己の道徳的充実に対する意識が伝世文献の諸例よりも強く、そこに思想の主題が特化されているため、と考えられる。

このように、「内」なる自己の道徳的充実を主張するということは、「中心」「精」「一」「慎独」といった、郭店『五行』第一段目の主要概念についても同様の思想傾向を読みとることができるであろう。しかもそうした思想傾向のみならず、じつのところ、これらの主要概念もまた、「形於内」という言葉と同様に、伝世文献においては、外なる他者を感化するための条件として言及されることが少なくない。本章のまとめに入る前に、このことについて述べ、第一段目の思想に対する理解の助けとしたい。

例えば、『韓詩外伝』巻二には、次のようにある。

好一則博(摶)(三四)、博(摶)則精、精則神、神則化。是以君子務結心乎一也。詩曰、淑人君子、其儀一兮。其儀一兮、心如結兮。

［一を好めば則ち博(摶)《もっぱ》ら、博(摶)らなれば則ち精、精なれば則ち神、神なれば則ち化す。是こを以て、君子は務めて心を一に結ぶなり。詩に曰はく、淑人君子は其の儀、一。其の儀一にして、心は結ぶ如し、と。］

「一」「精」といった、郭店『五行』第一段目で言及された概念がここに見え、他者への感化をもたらす条件の一つに数えられる。しかも、それとの関連で結びに引用される『詩経』曹風鳲鳩篇の文句は、郭店『五行』にも引用されていた。

また、「精」の語は、『荘子』漁父篇に次のように見える。

客曰、眞者、精誠之至也。不精不誠、不能動人。……眞在内者、神動於外。是所以貴眞也。

［客曰はく、真なる者は、精誠の至りなり。精ならず誠ならざれば、人を動かす能はず。……真、内に在る者は、神、外に動く。是れ真を貴ぶ所以なり。］

「精」は「誠」とならんで、ともに人を動かす感化の原因と見なされる。「精」の語は、『呂氏春秋』にも見え、そこでも他者への感化の条件として言及されることがあり、「精」「誠」と、感化との関係については、武田時昌「精誠の哲学」(加地伸行博士古稀記念論集刊行会編『中国学の十字路』研文出版、二〇〇六年所収)が既に明らかにしている。(三五)

また、郭店『五行』第二章に見えた「中心」の語も見逃すことができない。前引の『淮南子』繆称篇と『文子』精誠篇には、それぞれ、「忠信形於内、感動應於外」「忠信形於内、感動應乎外、賢聖之化也」とあった。また、『大戴礼記』小辨篇には、

君朝而行忠信、百官承事、忠滿於中而發於外、刑於民而放於四海、天下其孰能患之。

［君、朝して忠信を行へば、百官は事を承け、忠、中に満ちて外に発し、民に刑はれて四海に放ふ。天下、其れ孰れ

か能く之れを患はん。」

とあり、『荀子』堯問篇には、

執一無失、行微無怠、忠信無勌、而天下自來。執一如天地、行微如日月、忠誠盛於内、賁於外、形於四海。

「一を執りて失ふこと無く、微を行ひて怠ること無く、忠信、勌むこと無くして、天下、おのずから来たる。一を執ること天地の如く、微を行ふこと日月の如く、忠誠、内に盛んに、外に賁《あふ》れ、四海に形はる。」

とある。この場合の「忠」と郭店『五行』の「中心」とをほぼ同義と見てよいならば、「忠」であることによって他者を感化する、と述べるこれらの用例は、どれも注目に値する。[三六]

このように、郭店『五行』第一段目の主要概念もまた、「化」(『韓詩外伝』巻二)であるとか、「人を動かす」「神、外に動く」(『荘子』漁父篇)、「感動、外に応ず」(『淮南子』繆称篇)、「民に刑はれて四海に放ふ」(『大戴礼記』小辨篇)、「四海に形はる」(『荀子』堯問篇)といった、「外」なる他者への感化の条件として言及されることがある。にもかかわらず、郭店『五行』においては、第一章の「内に形はる」という言葉と同様に、伝世文献の用例とは異なり、「外」に関する記述がないのである。これは、郭店『五行』独自の思想傾向である。[三七]

むすび

第一段目の構造的特徴は、思想を総括する第七章を除けば、各章節が同じ概念を前後の章節で共有しながら論述を進め、その結びつきがとりわけ強固であることである。一方、その思想的特徴は、「中心」(第二章)から「憂」い(第四章、第五章)、「思」いを「精」「長」「巠」にすることで、「仁」「智」「聖」の徳を視覚的聴覚的対象として「形は」す、という専心内形論とでも称すべき思想が一貫してそこに存することである。したがって、郭店『五行』第一段目のまとまりとは、同じ概念が各章節に繰り返し見える、という単なる見かけ上のまとまりを意味するばかりでなく、そこに思想的な一貫性が看取されることをも意味する。郭店『五行』第七章の墨節符号（「■」）は、まさにそうした構造的なまとまりと思想的一貫性とを反映して付されたもの、と見なすべきである。

(一) 以下、本書に提示する写真図版は、《簡帛書法選》編輯組編『郭店楚墓竹簡・五行』（文物出版社、二〇〇二年）を用いた。

(二) 「緇衣釈文注釈」（『文物本』）の注一一七、「郭店楚墓竹簡『緇衣』訳注（下）」（東京大学郭店楚簡研究会編『郭店楚簡の思想史的研究』第四巻、二〇〇〇年所収。後、改訂の上、池田知久編『郭店楚簡儒教研究』汲古書院、二〇〇三年所収）参照。ただし、先にも述べたように、符号の形態と機能との対応関係は、郭店楚簡であれば全て統一されている、というわけではない。例えば、『太一生水』に付された墨釘符号（「■」）は、篇末に一箇所だけ確認されるのみであり、『五行』における用いられ方とは、大きく異なるようである。

(三) 『唐虞之道』のものは、その位置からして、竹簡を束ねていた紐の痕跡である可能性も疑われるが、今はとりあえず、墨節符号（「■」）と見なしておく。

(四) 章節の分け方については、今は池田知久「『五行』訳注」（東京大学郭店楚簡研究会編『郭店楚簡の思想史的研究』第一巻、一九九九年所収。後、「『五行』訳注」として池田編『郭店楚簡儒教研究』（前掲）所収。以下、池田「『五行』訳注」）に従う。

(五) 以下、郭店『五行』のテキストは、『文物本』を底本とし、釈文・分章は、池田「『五行』訳注」を参照した。ただし、訓読・口語訳は、独自に改めた箇所もある。また、第七章と第八章のみ、墨節符号（「■」）に鑑みて、分章を改めた。引用文中、異体字・仮借字・省字を通行字に改める場合は（ ）内に示し、欠字部分を推測により補う場合は〔 〕内に示す。原文の誤字を想定し、推測により修正する場合は〈 〉内に示す。

(六) なお、第一章文末の「徳之行五和、謂之徳」と始まる一文は、墨釘符号（「■」）に従うならば、次の第二章と一括されるべきものである。魏啓鵬『簡帛《五行》箋釈』（万巻楼、二〇〇〇年）は、「徳之行五和」以下を第二章の一文と一括している。

(七) 「聖」のみは「仁」「義」「礼」「智」と異なり、内に形われない場合も変則的に「徳の行ひ」とされる。浅野裕一「『五行篇』の成立事情——郭店写本と馬王堆写本の比較——」(『中国出土資料研究』第七号、二〇〇三年)は、それを馬王堆『五行』と郭店『五行』との間に見られる文字の異同の一つに数え、郭店『五行』の「聖」に関する「徳之」の二文字を衍字と見なす。「徳之」の二文字が馬王堆『五行』の該当箇所にないことは、『文物本』注四以来、浅野前掲論文以外にも池田「『五行』訳注」第一章注5等の多くの研究において、前提とされる。しかしながら、じつのところ、馬王堆『五行』の写真図版を見れば明らかなように、馬王堆『五行』の該当箇所は欠損し文字は見えない。したがって今後は、文字の見えない馬王堆『五行』を根拠にして、郭店『五行』の衍字を疑うよりは、むしろ、文字の明らかな郭店『五行』を根拠にして、馬王堆『五行』の欠字部分を検討する視点こそが必要となるかもしれない。

(八)　浅野裕一「帛書五行篇の思想史的位置」(『島根大学教育学部紀要』第十九巻、一九八三年、後、同『黄老道の成立と展開』創文社、一九九二年、第六章「『五行篇』の思想史的特色」)。

(九)　黄俊傑『孟学思想史論』(巻一、東大図書公司、一九九一年)附録(二)「馬王堆帛書《五行篇》「形於内」的意涵」。

(一〇)　龐樸『竹帛《五行》篇校注及研究』(万巻楼、二〇〇〇年)「竹帛《五行》篇校注」。

(一一)　王博「孟子与《五行》」(同『文献論集簡帛思想』台湾古籍出版社、二〇〇一年所収)。

(一二)　池田「『五行』訳注」。

(一三)　渋谷由紀「郭店楚簡《五行》考——修養論を中心に——」(『中国古典研究』第四十九号、二〇〇四年)。

(一四)　島森哲男「馬王堆出土儒家古佚書考」(『東方学』第五十六輯、一九七八年)。

(一五)　以下、「形於内」の用例については、香港中文大学中国文化研究所漢達古籍資料庫中心『漢達古籍資料庫』(商務印書館(香港)有限公司、二〇〇三年)を利用した。

(一六)　以下、『淮南子』の引用は、張双棣撰『淮南子校釈』(北京大学出版社、一九九七年)を底本に用いた。

(一七)　以下、『文子』の引用は、王利器撰『文子疏義』(新編諸子集成、中華書局、二〇〇〇年)を底本に用いた。

(一八)　『文子』精誠篇にも、「精誠形乎内、而外諭於人心、此不傳之道也」とある。

(一九)　『説苑』の引用は、向宗魯校証『説苑校証』(中国古典文学基本叢書、中華書局、一九八七年)を底本に用いた。

(二〇)　『管子』の引用は、黎翔鳳撰『管子校注』(新編諸子集成、中華書局、二〇〇四年)を底本に用いた。

(二一)　『呂氏春秋』季秋紀精通篇には、

鍾子期歎嗟曰、……。悲存乎心而木石應之、故君子誠乎此而諭乎彼、感乎己而發乎人、豈必彊說乎哉。

とあり、この「誠乎此而諭乎彼」〔此れに誠にして彼に諭らる〕という思考法は、この他にも「誠乎此者刑乎彼」〔此れに誠なる者は、彼に刑はる〕という表現として『呂氏春秋』に散見し、この季秋紀精通篇の文と異文の関係にあると思われる『新序』雑事篇四には、

鍾子期曰、……悲於心而木石應之、以至誠故也。人君苟能至誠動於內。萬民必應而感移、堯舜之誠、感於萬國、動於天地。

とある。季秋紀精通篇に「誠乎此」とあった「此」は、ここでは「至誠動於內」と「內」に言い換えられる。要するに、この場合の「內」は、「彼」に対する「此」に相当する。

(二二) 魏啓鵬『簡帛《五行》箋釈』(前掲)は、前引の『淮南子』要略篇⑤の一文と、『呂氏春秋』季秋紀精通篇に「夫月形乎天、而群陰化乎淵。聖人形徳乎己、而四荒咸飭乎仁」とある一文は、郭店『五行』第一章の解釈に対して闡明するところがある、と指摘する。また、柴田清継「感化に関する思想をめぐって――『管子』内業等諸篇の思想史的位置づけの試み――」(『哲学』第四十集、一九八八年)は、戦国末期以降、「修養した己の徳性がその外形にあらわれて、そこに人々を感化する力が生まれる」といった思想が学派の枠を越えて流行するようになり、そのようになった直接の原因は『管子』内業等諸篇の修養論の影響とする(三一頁)。

(二三) このように、ある行為の道徳的価値を外面的な形式においてでなく、内面的な動機において判定しようとする思想としては、『礼記』中庸篇の「誠」の思想が想起される。斎木哲郎「長沙馬王堆漢墓出土「帛書五行篇」新解――秦儒との関係を中心として――」(『中国出土資料研究』第二号、一九九八年)は、この「中心」の語が『礼記』中庸篇における「誠」の語に相当することを指摘する。

「帛書五行篇」の場合、仁・義・礼・智・聖の五徳を獲得するためには、必ずそれを手にいれんことを思い続ける切実性が求められたのであり、それが「中心」と呼ばれた……中庸篇の誠は己が心の切実性を基礎にそこに生ずる意識の専一性や脱虚偽性を人が具備すべき重要な徳目として提示するもので、「帛書五行篇」の「中心」の概念とはほぼ等質のものとみなし得る。

これは馬王堆『五行』に関する指摘であるが、「中心」の語を「手にいれんことを思い続ける切実性」や「意識の専一性や脱虚偽性」と説明し、そこに中庸篇の「誠」との共通性を見いだす見解は、郭店『五行』についても有効であろう。

(二四) なお、文章の構造について一言すると、第四章の「思不精不察、思不長不形」という一文は、途中の「不察」のところで一旦途切れ、「思」の語が挟まり、「思」の語が二度繰り返す形となっていることに気がつく。これについては、本章注(二六)参照。

(二五)　池田「『五行』訳注」は「必」と隷定するが、『文物本』に従い、「不」と隷定する。

(二六)　池田「『五行』訳注」は「止」と隷定するが、張光裕主編『郭店楚簡研究　第一巻　文字編』(芸文印書館、一九九九年)五「原簡与釈文対照図版」(6)「五行」に従い、「止」と隷定する。

(二七)　本章に見える概念と『管子』に見えるそれとの類似については、池田『帛書五行篇』(一八三頁)注9参照。

(二八)　また、この第六章の「仁」と「智」の二つの記述を参照することで、先の第四章に指摘した疑問(本章注二四参照)、即ち第四章に、「思不精不察、思不長不形」とあり、「思」の語が途中に挟まり、二度繰り返す形になっていたのは、「仁」と「智」の二つについての記述を省略したため、と推測される。つまり、仮に第四章の記述を補うならば、本来「思不精不察、不察不形」という「仁」の記述と、「思不長不得、不得不形」という「智」の記述とを接続して併記すべきところを、第四章はこの波線部分を省略したもの、と推測される。

(二九)　なお、このように、「思う」という行為を修養の方法論として主張することは、『孟子』にも見いだすことができる。『孟子』離婁上篇には、「是故誠者、天之道也。思誠者、人之道也」とあり、告子上篇には、「仁義禮智、非由外鑠我也、我固有之也、弗思耳矣」とある。ただし、『孟子』の場合は、「仁」「義」「礼」「智」の全てが「思う」ことによって実現されるとした(告子上篇)のに対し、郭店『五行』は、その対象を「仁」「智」に限定し、新たに「聖」を加え、「義」「礼」を除外する。また、「精」「長」「坙」といった言葉で、それぞれの思い方を細分化し、その功夫の仕方まで詳細に指示するところなどは、『孟子』と異なる。

(三〇)　廖名春「郭店楚簡《五行》篇校釈札記」(『中国哲学史』二〇〇一年、第三期、後、同『出土簡帛叢考』湖北教育出版社、二〇〇四年所収)もまた、「坙」の字に着目し、「簡15〝聖之思也翌〟與簡14〝智之思也倀〟句式相同、〝翌〟〝倀〟併稱、其義當相近」とした上で、「坙」を「經」即ち「常」の意味と見なす。

(三一)　したがって、馬王堆『五行』が「輕」に作るのも、その基本義は「坙」にあるのであって、その《説》が「輕、尙也」とするのは、『呂氏春秋』仲夏紀古楽篇に、「故樂之所由來者尙矣」とある高誘注に、「尙、久也」とあるように、「坙」の恒久不変さを表現するものと考えられる。また、『荀子』不苟篇に、「善之爲道者、不誠則不獨、不獨則不形、不形則雖作於心見於色出於言、民猶若未從也。……操而得之則輕、輕則獨行、獨行而不舍則濟矣」とあるが、この場合の「輕」も「坙」の仮借であり、「輕則獨行」とあるのは要するに、外的状況に左右されない実直で恒常不変な「坙」の態度が「独行」をもたらす、という意味ではないだろうか。

(三二) 劉信芳『簡帛五行解詁』(芸文印書館、二〇〇〇年)は、この第六章と同様の思想を示すものとして、『孟子』尽心上篇に「君子所性、仁義禮智根於心、其生色也睟然、見於面、盎於背、施於四體、四體不言而喩」とあるのを挙げる。

(三三) なお、他文献における『詩経』曹風鳲鳩篇の句の引用例をまとめ類型化したものに、池田『帛書五行篇』(二一五頁)注14がある。また、この「一」の概念について、馬王堆『五行』と『荀子』『管子』等の道家系文献との思想的交流を論じたものに、島森哲男「慎独の思想」(『文化』第四十二巻第三・四号、一九七九年)がある。

(三四) 「博」字は「摶」字の誤りで、「摶」は専一の「専」。『荀子』儒効篇に、「億萬之衆而博〈摶〉若一人」とあり、王念孫『読書雑誌』(人人文庫、台湾商務印書館、一九七八年、第五冊)「荀子第二」は、「念孫案、博與傅皆字之誤也。摶卽専一之專。……管子幼官篇曰、摶一純固。今本摶誤作博」という。

(三五) 例えば、『呂氏春秋』季秋紀精通篇には、「神出於忠、而應乎心、兩精相得、豈待言哉」とあるが、武田氏は、これについて次のように述べる。

精通篇では、二物のあいだに確かな感応関係が存在することを認め、それを「両精相得」として相互の「精」の通い合いであるとする……「精」とは、「摶志」すなわち志を専一にすることで集中力が高まり、研ぎ澄まされた精神的な状態を指している。

(三六) 更に言えば、第一段目の最終章である第七章において、それまでの思想を総括するものとして提示された「慎独」の概念であれば、『荀子』不苟篇に次のようにある。

君子至德、嘿然而喩、未施而親、不怒而威。夫此順命、以愼其獨者也。善之爲道者、不誠則不獨、不獨則不形、不形則雖作於心、見於色、出於言、民猶若未從也、雖從必疑。

嘿然として他者に喩られ、施すこと無くして他者に親しまれ、怒りを顕わすこと無くして他者に威厳を感じさせる、といった「至徳」の状態は、「独を慎」む内省によってのみ、はじめて達成されることを述べている。また、『礼記』大学篇には、

小人閒居爲不善、無所不至、見君子而后厭然、揜其不善而著其善。人之視己、如見其肺肝然、則何益矣。此謂誠於中、形於外。故君子必愼其獨也。

とあり、島森「慎独の思想」(前掲)は、この大学篇における「慎独」と「感化」との関係を捉えて次のように言う。

積極的に独に徹することによって、自ら対他性がひらけてくる、といった考えが、慎独思想の背景にあるようである……内に向かうことがかえって外へ通ずる結果になる、という関係は、大学で「中に誠なれば、外に形わる」というかたちで

定式化されている。「近きに動いて、文を遠きに成す」（淮南繆称）とあるのもおそらく同じようなことだろう。

（三七）　ただし、外なる他者を感化することを想定した上で、「内」なる自己の道徳的充実を説くという考え方自体は、第二段目の第九章に、「金聖（聲）而玉晨（振）之、又（有）悳（德）者也■」〔金声にして、玉、之れを振るふは、徳有る者なり■〕と、比喩的に表現される。従来、この「金聲而玉振之」の意味については、それが『孟子』にも見えることから、朱熹『孟子集注』の説がそのまま郭店『五行』に対しても採用され、「鐘を打って演奏を始め、磬（玉）を打って演奏を締め括る」と解釈されてきた。しかしながら、馬王堆『五行』第九章《説》に、

金聲而玉辰（振）之者、動□而（笱（後）能）井（形）善於外。有德者之〔至〕。

〔金声にして、玉、之れを辰（振）るふとは、□動じて〔後に能く〕善を外に形はす。徳有る者の〔至り〕。〕

とあり、馬王堆『五行』第二十一章《説》に、

唯金聲〔而玉辰（振）之者〕、然笱（後）忌（己）仁而以人仁、忌（己）義而以人義。大成至矣、神耳矣。

〔唯だ金声〔にして、玉、之れを振るふ者〕のみ、然る後に、己れ仁にして、人を以て仁にし、己れ義にして、人を以て義にす。大成の至りにて、神なるのみ。〕

とあるのによれば、この言葉は、それと句法が類似する「金聲玉色」（『論衡』）、「玉潤而金聲」（『後漢書』）、「金聲玉服」（『墨子』）といった言葉と同様に、楽器の演奏の順序を意味する言葉ではない。それは、「金」（「金石」）と「玉」（通常の「玉」）に対する観念を援用することで、それ自体端的に人物の徳性を比喩する言葉であり、具体的には、まごころに由来する無作為の徳行を実践することでその威徳を振るい、普く他者を感化することの比喩、と考えられる。詳しくは、本書第五章を参照されたい。

第三章　郭店楚簡『五行』第二段目の思想と構造

はじめに

この第二段目には、郭店『五行』の中でも、最も中心的な思想と目される聖智論が展開される。ここでは、墨釘符号（「■」）に着目することで、第二段目における各章節同士の繋がり方を確認し、併せてその思想的特徴を明らかにする。

一

郭店『五行』第二段目における各章節は、その繋がりが緊密である。例えば、その第十章の記述は、第十四・十五・十六章において詳説され、第十一・十二・十三章の記述は、それぞれ第十七・十八・十九章において詳説される仕組みになっている。

先ずは、第二段目冒頭の第七章後半から確認しよう。そこには、次のようにある。

〔瞻望弗〕汲（及）、淇（泣）涕女（如）雨。能遅（差）沱（池）亓（其）羿（羽）、肰（然）句（後）能至哀。君子誓（愼）亓（其）〔蜀（獨）也■。〕

〔〔瞻望すれども〕及ば〔ず〕、泣涕すること雨の如し。能く其の羽を差池し、然る後に能く哀しみを至む。君子は、其の〔独〕を慎む〔なり■〕。〕（第七章）

本書第二章で確認したように、郭店『五行』第一段目の末尾は、詩の引用から始まり、「真独」の語で結ばれていた。この第七章後半、即ち第二段目冒頭もまた、同じ文章の形式が確認される。ただし、形式上は共通する二つの文章ではあるけれども、引用される詩の文句が異なることからも、その意味内容も完全に同じであるとは考え難い。一方は、第一段目に特徴的な専心内形論を総括するものであるのに対し、この第七章後半、即ち第二段目冒頭の一文は、文章の形式と語彙とを前文に一部重ね合わせ、第一段目の思想との関連を示唆すると同時に、異なる思想をもつ第二段目とを違和感なく接続させるもの、と考えられる。では、第七章の前半と後半の一文は、具体的にどのような点において関連し、どのような点において相違するのか。

第七章後半の冒頭の詩は、『詩経』邶風燕燕篇からの引用である。他者の死を見送る燕の様子が描かれている。雨のように涙を流し、羽を一心に羽ばたかせる燕の様子が、哀しみの感情の正しい尽くし方と見なされている。そして、かかる思想を端的に表現する言葉として、文末に「其の独を慎む」と結ばれる。

詩に描かれた燕の様子と慎独の内容は、まことの心情を尽くし、それが具体的な動作として表出した状態を比喩的に表現したものである。これを理想の状態としている点は、第一段目の専心内形論の思想に合致すると言える。また、文末の慎独の内容も、その点では第一段目のそれと重なると見てよい。ただし、その一方で、詩に描かれた燕の様子は、次の第八章の一文とも密接な関係があり、その思想内容を比喩的に説明したものと考えられる。

第七章後半の詩の内容と第八章との関連を想定すること自体は、筆者の創見ではなく、既に馬王堆『五行』《説》において、第七章後半と第八章とを関連づけた解説が示されている。即ち、馬王堆『五行』第七章《説》には、文末の慎独を「独とは、体を舎つるなり」とするが、この「体を舎つる」という解釈が、次の第八章の一文との関連を想定したものなのである。郭店『五行』第八章（及び第九章冒頭）の一文を掲げると、次のとおり。

〔君〕子之爲善也、又(有)與司(始)、又(有)與冬(終)也。君子之爲德也、〔又(有)與司(始)、无與〕冬(終)也。(以上、第八章) 金聖(聲)而玉晨(振)之、又(有)悳(德)者也■。

〔〔君〕子の善を為すや、与《とも》に始まる有り、与《とも》に終はる有るなり。君子の徳を為すや、〔与に始まる有り、与に〕終はる〔无き〕なり。(以上、第八章) 金声にして、玉、之れを振るふは、徳有る者なり■。〕

文中には、「體」の語は見えないけれども、馬王堆『五行』《説》は、ここで繰り返される「与《とも》に」について、これを「その体と与に」と説明する。

筆者は、この第八章と第七章後半部との間に、思想上の関連を見いだすこと自体には賛同する。だが、その具体的な思想内容については、馬王堆『五行』《説》や、それに従う諸研究とは見解を異にしている。筆者の具体的な見解については、現在、別に拙稿を準備しており、将来に公開予定であるので、そちらを参照していただきたい[一]。公開予定の拙稿では、従来の研究において必ずしも十分な説明がついていない「金声にして、玉、之れを振るふ」という一文と、前後の文脈との思想上の関連についても説明を試みている。従来の分章では、この一文は次の章節に振り分けられてしまうが、筆者は、この一文も、「善」と「徳」に関する文章との関連を想定すべきであり、そうすることで、その意味内容をより具体的に説明することが可能であると考えている。

続く第九章(冒頭部分の続き)を見ると、第八章の「善」と「徳」、及び「金声にして、玉、之れを振るふ」という一文を踏まえていることが一目瞭然である。そこには、次のようにある。

金聖(聲)、善也。玉音、聖也。善、人道也。悳(德)、而〈天〉〔道也〕。唯又(有)悳(德)者、肰(然)句(後)能金聖(聲)而玉晨(振)之。

「金声は、善なり。玉音は、聖なり。善は、人道なり。徳は、天〔道なり〕。唯だ、徳有る者にして、然る後に能く金声にして、玉、之れを振るふ。」(第九章)

ここに、「善」と「徳」、そして文末に「金声にして、玉、之れを振るふ」という一文が確認され、これが先の第八章及び第九章冒頭を承けたものであることがわかる。そして、後の章節との関係で注目すべきは、「玉音は、聖なり」とあることである。これは文章構造の対応関係からして、「玉振」を「玉音」と言い換えたものと推測される。

このような言い換えがなされるのは、そこに言及される「聖」という徳目が、音声と関係するからであり、ここから第二段目の思想的主題である聖智論が以下に展開されるのである。第十章には、次のようにある。

不聰不明、不聖不智。不智不悳(仁)、不悳(仁)不安、不安不樂、不樂亡(無)悳(德)■。

「聡ならず、明ならざれば、聖ならず、智ならず。智ならざれば仁ならず、仁ならざれば安からず、安からざれば楽しまず、楽しまざれば、徳無し■。」(第十章)

文末の墨釘符号(「■」)は一文の終わりを示す。ここでは、「聡」でなく「明」でなければ、「聖」ではなく「智」ではない、と以下最終的な「無徳」までの関係が尻取り式に記述される。最終的な「無徳」の状態とは、「不聡」「不明」、「不聖」「不智」であることにその根本的な原因が求められている。しかし、この記述からだけでは、「不聡」「不明」、「不聖」「不智」のその具体的内容はわからない。そこで、第十四章に目を転じると、次のような一文が確認される。

未尙(嘗)䎽(聞)君子道、胃(謂)之不聰。未尙(嘗)見臤(賢)人、胃(謂)之不明。䎽(聞)君子道而不智(知)亓(其)君子道也、胃(謂)之不聖。見臤(賢)人而不智(知)亓(其)又(有)悳(德)也、胃(謂)之不智■。見而智(知)之、智也。䎽(聞)而智(知)之、聖也。明明、智也。(二)虖(赫)虖(赫)、聖也。「明明才(在)下、虖(赫)虖(赫)才(在)上」、此之胃(謂)也■。

[未だ嘗て、君子道を聞かず、之れを不聡と謂ふ。未だ嘗て、賢人を見ず、之れを不明と謂ふ。君子道を聞きて、其の君子道を知らず、之れを不聖と謂ふ。賢人を見て、其の徳有るを知らず、之れを不智と謂ふ■。見て之れを知るは、智なり。聞きて之れを知るは、聖なり。明明は、智なり。赫赫は、聖なり。「明明は、下に在り、赫赫は上に在り」とは、此れの謂なり■。」(第十四章)

「君子道」を聞いたことがないことを「不聡」と言い、「賢人」を見たことがないことを「不明」という。そして、「君子道」を耳にしてはいるが、それが「君子道」であることを理解していないことを「不聖」といい、「賢人」を目にしてはいるが、その「徳」を理解していないことを「不智」という。(三)このように、一つ目の墨釘符号(「■」)までの一文では、先の第十章に「不聰不明、不聖不智」とあったそれぞれの概念が解説される。そして、二つ目の墨釘符号(「■」)までの一文では、上述の「聖」「智」に対する記述が肯定文に書き換えられ、詩の引用へと及ぶ。それを承けた続く第十五章には、次のようにある。

䎽(聞)君子道、聰也。䎽(聞)而智(知)之、聖也。聖人智(知)而〈天〉道也。智(知)而行之、義也。行之而時、悳(德)也。見臤(賢)人、明也。見而智(知)之、智也。智(知)而安之、悬(仁)也。安而敬之、豊(禮)也。聖智、豊(禮)藥(樂)之所穀(由)生也。五〔行之所和〕也、和則䜌(樂)、䜌(樂)則又(有)悳(德)、又(有)悳(德)則邦豪(家)𨑉(興)。文王之見也女(如)此。「文〔王在(才)上、於昭〕于天」、此之胃(謂)也■。

〔君子道を聞くは、聡なり。聞きて之れを知るは、聖なり。聖人は天道を知るなり。知りて、之れを行ふは、義なり。之れを行ひて、時なるは、徳なり。賢人を見るは、明なり。見て、之れを知るは、智なり。知りて、之れに安ずるは、仁なり。安じて、之れを敬ふは、礼なり。聖智は、礼楽の由りて生ずる所なり。五〔行の和する所〕なり、和すれば、則ち楽しみ、楽しめば、則ち徳有り、徳有れば、則ち邦家、興る。文王の見はるるやかくの如し。「文〔王、上に在り、〕ああ天に〔昭《あら》はる〕」とは此れの謂なり [redacted]。〕（第十五章）

ここでは、第十四章までに提示された概念を引き継ぎながら、「仁」「義」「礼」「智」「聖」について説明される。更に、その五つの「五行」が調和した「徳」の状態が説明され、詩の引用で結ばれる。文中に「知りて、之れに安ずるは、仁なり」とあるのは、前の第十章に「智ならざれば仁ならず、仁ならざれば安からず」とあったのを踏まえていることもわかる。

そして、続く第十六章には次のようにある。

見而智(知)之、智也。智(知)而安之、悬(仁)也。安而行之、義也。行而敬之、豊(禮)也。悬(仁)義、豊(禮)之所穀(由)生也。四行之所和、和則同、同則善 [redacted]。

〔見て、之れを知るは、智なり。知りて、之れに安ずるは、仁なり。安じて、之れを行ふは、義なり。行ひて、之れを敬ふは、礼なり。仁義は、(四)礼の由りて生ずる所なり。四行の和する所、和すれば、則ち同じ、同ずれば、則ち善 [redacted]。〕（第十六章）

ここでは、「仁」「義」「礼」「智」の「四行」と「善」の状態について説明される。「五行」が調和する「徳」は、「聖」の実現をその契機としていたのに対し、「四行」だけが調和する「善」は、「見て、之れを知るは、智なり」と始まるように、その実現の契機に「聖」は含まれない。したがって、「五行」の「徳」と「四行」の「善」との決定的な違いは「聖」の有無にあると言える。

このように、第十章で提示された概念は、第十四・十五・十六章に引き継がれ解説される仕組みになっている。

二

思想の概略・提要のようなものを先に提示して、後の章節でそれを解説・敷衍しながら新たな思想を展開する、という論述の仕方は、以下に見る第十一・十二・十三章と第十七・十八・十九章との関係についても当てはまる。

先ず、第十一章には次のようにある。

不叓(變)不兌(悅)、不兌(悅)不禀(戚)、不禀(戚)不新(親)、不親不忞(愛)、不忞(愛)不𢚧(仁)■。

[変《した》はざれば、悦ばず、悦ばざれば、戚《した》しまず、戚しまざれば、親しまず、親しまざれば、愛せず、愛せざれば、仁ならず■。]（第十一章）

「不変」「不悦」から「不仁」に至るまで、恋慕の気持ち（「變」）[五]がなければ、悦ぶ気持ちはなく、悦ぶ気持ちがなければ親しむ気持ちはない。このように以下順に展開する感情の延長線上に「不仁」を設定している。では、ここにならべられた「変」「悦」等の各種の感情とは、具体的にはどのようなものなのか。それは第十七章において解説される。

顏色伀(容)佼(貌)恩(溫)、叓(變)也。以亓(其)𡧋(中)心與人交、兌(悅)也。𡧋(中)心兌(悅)重(焉)、䙴(遷)於兄弟、禀(戚)也。禀(戚)而信之、新(親)〔也〕。新(親)而管(篤)之、忞(愛)也。㤅(愛)父、亓(其)𥡜(稽)㤅(愛)人、𢚧(仁)也■。

[顔色容貌温なるは、変なり。其の中心を以て、人と交はるは、悦なり。中心、焉《こ》れを悦び、兄弟に遷《うつ》すは、戚なり。

戚《した》しみて之れを信にするは、親〔なり〕。親しみて之れを篤《あつ》くするは、愛なり。父を愛し、其の稽《つぎ》に人を愛するは、仁なり■。」（第十七章）

ここでは、「変」とは、顔色容貌がおだやかになることとされる。そうした容貌になる恋慕の感情を心中から抱いて人と接することを「悦」という。次いで、「戚」とは、「中心、焉《こ》れを悦び、兄弟に遷《うつ》すは、戚なり」とあるように、心中からの悦びを兄弟との関係に移し用いることである。そして、兄弟に抱く「戚」の感情は、父母に対する感情よりは疎遠な感情であるが、それをより身に切実なものに高める、即ち「信」にしたものが「親」の感情である。このように、先の第十一章に「不變不悦……」とあった各種の感情について、その具体的な内容とそれぞれの関係が解説されていく。そして最後には「父を愛し、其の稽《つぎ》に人を愛するは、仁なり」とあるように、その極限にまで高まった感情を身近な父に用い、その気持ちに準じて、疎遠な他人をも愛することが「仁」の完成と見なされる。

続く第十二章は「義」についての記述である。それを解説するのは第十八章であるが、論述の便宜を計るため先送りし、先ずは第十三章とそれを解説した第十九章を確認する。第十三章には次のようにある。

不𧷠(遠)不敬、不敬不嚴、不嚴不障(尊)、不障(尊)不共(恭)、不共(恭)亡(無)豊(禮)■。

〔遠からざれば、敬《うやま》はず、敬はざれば、厳ならず、厳ならざれば、尊ばず、尊ばざれば、恭しからず、恭しからざれば、礼無し■。〕（第十三章）

論述の仕方は、「仁」についてのそれと変わらない。「礼」とは、人に配慮し遠ざかる「遠」の気持ちを起点にして、そうした人間の自然な感情の延長線上に実現されるものであることを示している。そして、それぞれの概念については、第十九章において次のように解説される。

以亓(其)外心與人交、遠也。遠而𤖁(莊)之、敬也。敬而不郤(懈)(六)、嚴也。嚴而畏之、障(尊)也。障(尊)而不喬(驕)、共(恭)也。共(恭)而尃(博)交、豊(禮)也■。

「其の外心を以て人と交はるは、遠ざくるなり。遠ざけて之れを荘にするは、敬ふなり。敬ひて懈《おこた》らざるは、厳なり。厳にして之れを畏るるは、尊ぶなり。尊びて驕らざるは、恭しきなり。恭しくして博く交はるは、礼なり■。」(第十九章)

一見して明らかなように、第十三章に「不遠不敬、……不恭無禮」とあったそれぞれの概念は、全てここに言及されている。論述の進め方は、「仁」についてのそれと変わらない。加えて、冒頭には「其の外心を以て人と交はるは、遠ざくるなり」とある。「仁」についての記述には「以其中心與人交、悦也」とあったことから、「中心」と「外心」とが対になっていることがわかる。

次に、先ほど後回しにした第十二章について見てみたい。

不悳(直)不迲(泄)、不迲(泄)不果、不果不柬(簡)、不柬(簡)不行、不行不義■。

「直ならざれば、泄《えい》ならず、泄ならざれば、果ならず、果ならざれば、簡ならず、簡ならざれば、行ならず、行ならざれば、義ならず■。」(第十二章)

ここでの「義」についての論述の仕方は、「仁」や「礼」についてのそれと変わらないので、説明は繰り返さない。ここに提示された「直」「泄」等の概念については、第十八章において次のように解説される。

宙(中)心䛐(辯)肰(然)(七)而正行之、植(直)也。悳(直)而述(遂)之、迲(泄)也。迲(泄)而不畏彊(強)語(禦)、果也■。

不以少(小)道夌(害)(八)大道、柬(簡)也■。

又(有)大皋(罪)而大豉(誅)之、行也■。

貴貴、亓(其)止(等)𨽍(尊)臤(賢)、義也■。

「中心、弁じ、然り而して正しく之れを行ふは、直なり。直にして之れを遂ぐるは、泄《えい》なり。泄にして強禦を畏れざるは、果なり■。小道を以て大道を害《そこな》はざるは、簡なり■。大罪有りて大いに之れを誅するは、行なり■。貴を貴とび、其の等《つぎ》に賢を尊ぶは、義なり■。」(第十八章)

先ず「直」とは、他からの強制ではなく、自分の心中に基づいた判断を下し、それを忠実に実行することとされる。そして「直」の気持ちを遂げることが「泄」、即ちのびやかさとされる。(九) 例えば、強制的な圧力に迫られたとしても、自分の「泄」の気持ちを変えずに保持することが「果」、即ち果断さであるとされる。ここまでは、第十二章に「不直不泄、不泄不果」とあった各概念を、相接する二つの概念同士の関係において説明する形式として、先の「仁」と「礼」の論述の仕方と変わらない。したがって、以下の記述についても、最後の「義」まで「仁」「礼」の論述の進め方と同様に説明されると予想されるであろう。ところが、そうはならないのである。

第十八章では続いて「小道を以て大道を害はざるは、簡なり」とある。「簡」とは、小事のために大事を犠牲にしない、そのような判断であるとされるが、「果」との関係は言及されずに、個別的に解説されるに止まる。続いては「大罪有りて大いに之れを誅するは、行なり」とある。大きな罪に対し、それに見合った罰を下すことが「行」であるとされる。これまた「行」の個別的な解説に止まる。その続きは、「貴を貴とび、其の等《つぎ》に賢を尊ぶは、義なり」とあり、結局、これもまた「義」の個別的な解説で結ばれてしまう。第十八章では、前後の「仁」「礼」と同様、先の第十二章に提示された各概念が余すことなく言及されているにもかかわらず、第十二章に示された「果」「簡」「行」「義」の各概念の相互関係に関する説明は、なされないのである。むしろ、それぞれは因果関係を結ばずに、独立しているようにさえ見える。加えて、前掲の原文に示したように、写真図版を見ると、この「簡」「行」「義」についての一文には、それぞれ墨釘符号(「■」)が細かく付されていることに気がつく。ここの墨釘符号(「■」)もまた、各概念の独立性を示しているように見える。

そこで、次の第二十章の記述に目を転じてみると次のようにある。(一〇)

不柬(簡)不行。不匿不業(辨)於道。有大辠(罪)而大豉(誅)之、柬(簡)也。有小辠(罪)而亦(赦)之、匿也。有大辠(罪)而弗大豉(誅)也、不行也。有小辠(罪)而弗亦(赦)也、不業(辨)於道也■。

「簡ならざれば、行ならず。匿《かく》さざれば道を弁《わきま》へず。大罪有りて大いに之れを誅するは、簡なり。小罪有りて之れを赦すは、匿なり。大罪有りて大いに誅せざるは、行ならざるなり。小罪有りて赦さざるは、道を弁へざるなり■。」

(第二十章)

着目すべきは、第十八章には「大罪有りて大いに之れを誅するは、行なり」とあったが、ここでは「大罪有りて大いに之れを誅するは、簡なり」とあるように、「有大罪而大誅之」は「簡」の説明に当てられていることである。第十八章では説明されなかった「不簡不行」という「簡」と「行」との論理的な繫がりは、「大罪有りて大誅す」という言葉を媒介に説明されていることになる。(一一)

更に補足すれば、第十八章において、「簡」と「行」とはそれぞれ「道」(「小道」「大道」)と「罪」(「大罪」)とに対する対処の仕方として説明されていたが、「簡」と「行」との関係はもとより、「道」と「罪」との関係についても、そこでは説明されなかった。じつは第二十章には、この問題についても、解答が用意されている。

ここでは、「匿」とは盲目的に規範に従い罪を罰するのではなく、小さな罪は赦すことであり、それは「道」を弁えることに通じるものとされる(「不匿不辨於道」「有小罪而弗赦也、不辨於道也」)。つまり「小罪」と「大罪」とを正しく弁別し、それを赦すのか、誅するのか、正しい対処をするために、その基準となる「道」の認識が求められている。第二十章は、「匿」という新たな概念を導入することで、既に提示された「道」と「罪」といった概念を敷衍し、第十八章で残された問題を解決しながら、同時に新たな思想を展開しているのである。(一二)

従来、第十八章の墨釘符号(「■」)については、釈文の類でも表記されずに無視されたり、(一三)表記されたとしても特に言及されることはない。[一四]だが、「不以小道害大道、簡也」と「有大罪而大誅之、行也」という記述の文末に墨釘符号（「■」）が細かく付されていることと、そこに提示された概念がほとんどそのままの形で第二十章に受け継がれていることとは、全くの偶然の符合なのだろうか。この対応関係を偶然と処理してしまうよりは、むしろそこに何らかの必然性があると考える方が自然ではあるまいか。

第十八章の「簡」「行」の記述に細かく付された墨釘符号（「■」）は、それぞれの記述が第十二章を解説する形を装いながら、じつはそれ自体はそれぞれ独立するものとして、第二十章の記述を導く張本となることを示している。[一五]ちなみに、第十八章末の「貴貴、其等尊賢、義也」という記述にも墨釘符号（「■」）が付されているが、文中の「尊賢」については、第二十一章において言及される。[一六]

むすび

第一段目と同様に、第二段目もまた、各章同士の結びつきは強固であり、前の章節で提示した概念を後ろの章節で共有しながら論述を展開していく、という特徴が看取された。とりわけ、第十八章では、墨釘符号（「■」）が細かく付されることで、第二十章との関係がより具体的で鮮明になっている。章節同士の結びつきに関して言えば、むしろ、第一段目よりも、第二段目の方がより強固である、と言えよう。

一方、その思想的特徴としては、ここでの思想的主題は、「見て之れを知るは、智なり。聞きて之れを知るは、聖なり」（郭店『五行』第十四章）とあるような聖智論を挙げることができるが、その一方で、第一段目でしきりに言及された「形はる」という言葉は、もはや一言も言及されることがない。こうした思想的特徴といった面か

郵便はがき

料金受取人払郵便

札幌中央局
承認

719

差出有効期間
H27年7月31日
まで

0608788

札幌市北区北九条西八丁目
北海道大学構内

北海道大学出版会 行

ご氏名（ふりがな）		年齢　歳	男・女
ご住所	〒		
ご職業	①会社員　②公務員　③教職員　④農林漁業 ⑤自営業　⑥自由業　⑦学生　⑧主婦　⑨無職 ⑩学校・団体・図書館施設　⑪その他（　　　）		
お買上書店名	市・町　　書店		
ご購読新聞・雑誌名			

書　名

本書についてのご感想・ご意見

今後の企画についてのご意見

ご購入の動機

1 書店でみて　　2 新刊案内をみて　　3 友人知人の紹介
4 書評を読んで　　5 新聞広告をみて　　6 DMをみて
7 ホームページをみて　　8 その他（　　　　　　）

値段・装幀について

A　値　段（安　い　　普　通　　高　い）
B　装　幀（良　い　　普　通　　良くない）

HPを開いております。ご利用下さい。http://www.hup.gr.jp

らしても、墨節符号(「■」)に対応して、第一段目と第二段目とは、それぞれに独自の思想的主題が存することがわかる。

(一)「郭店楚簡『五行』の慎独論」(『東方学』第百二十八輯、二〇一四年七月刊行予定)。

(二)写真図版を見ると、ここにも墨釘符号(「■」)が確認されるが、従来の釈文・訳注にも表記されていない。文脈からすると、ここで一区切りがつくとは解し難く、その意図はよくわからない。

(三)末永高康「「知ること」と「気付くこと」――『五行』の理解のために」(『鹿児島大学教育学部研究紀要人文・社会科学編』第五十二巻、二〇〇〇年)は、「聖」と「智」とに焦点を当てて、『五行』の思想を総体的に読み解いた研究であるが、それは馬王堆『五行』の《説》をも視野に入れたものであるため、「聖」と「智」とに対する理解は本書のそれとは異なる。

郭店『五行』第十五章と次の第十六章とを読む限り、「聡」と「不聡」との根本的な違いは、「君子道」を耳にしているか、耳にしていないかにあり、「明」と「不明」との違いは、「賢人」を目にしているか、目にしていないかにある。そして「聖」と「不聖」との違いは、「君子道」を耳にして理解しているか、耳にしても理解していないかにあり、「智」と「不智」との違いは、「賢人」を目にしてその「徳」を理解しているか、目にしても、「徳」を理解していないかにある、ということになる。

(四)該当箇所は、「仁義、禮之……」と句読するか、或いは「仁、義禮之……」と句読するかの二通りが考えられる。後述するが、「仁」「義」「礼」はそれぞれ、下の第十七・十八・十九章において言及される。そこでは、「仁」(第十七章)と「義」(第十八章)とは、いずれも「中心」との関係において説明され、一方、「礼」(第十九章)は「外心」との関係において説明される。したがって、今はとりあえず、「仁」「義」はひとまとまりで、「礼」と対置されるものと理解し、「仁義、禮之……」と句読した。

(五)馬王堆『五行』の《説》が「變」に作るのに従い、「變」の仮借とし、意味は「恋慕」の意味とする(池田『『五行』訳注』参照)。

(六)李零『郭店楚簡校読記(増訂本)』(北京大学出版社、二〇〇二年)によれば、この竹簡の背面には「解」の文字が確認されるという(八三頁)。馬王堆『五行』は「懈」に作る。

(七)馬王堆『五行』では、《経》《説》ともに「焉」に作るのに従い、ここも助辞と見なす。

（八）馬王堆『五行』は「害」に作る。「五行釈文注釈」（『文物本』）の注四五、池田「『五行』訳注」参照。

（九）「泄」は「泄」の仮借。『春秋左氏伝』隠公元年「大隧之外、樂也泄泄」の杜預注に「泄泄、舒散也」とある（池田『帛書五行篇』二六一頁注6参照）。注疏本は「泄」を「洩」に作るが、校勘記に従い「泄」に改めた。

（一〇）池田『帛書五行篇』は、郭店『五行』出土以前にあって、馬王堆『五行』の《経》を読み解き、この第十八章（馬王堆『五行』第十五章）に「簡」「行」「義」の因果関係が説明されないことを夙に指摘した（三二二頁）。同氏もそこで、馬王堆『五行』第二十章（郭店『五行』も同じ）の記述に着目する。

（一一）馬王堆『五行』第二十章（郭店『五行』も同じ）について、池田『帛書五行篇』は次のように分析している。

第十五章（郭店『五行』第十八章）が……「果」と「簡」、「簡」と「行」、「行」と「義」との各々の因果関係を何とも述べなかったので、本章（第二十章）は特に「簡」→「行」→「義」のそれを詳しく解明しようとしているのかもしれない。

（四四四頁）

（一二）ちなみに、第二十章には続いて、

柬（簡）之爲言也、猷（猶）練也、大而晏（罕）者也。匿之爲言也、猷（猶）匿匿也、小而訪〈診〉（軫）者也。柬（簡）、義之方也。匿、悳（仁）之方也。

［簡の言為るや、猶ほ練のごときなり、大にして罕なるものなり。匿の言為るや、猶ほ匿匿のごときなり、小にして軫《おほ》きものなり。簡は、義の方なり。匿は、仁の方なり。］（第二十章）

とあり、「匿」と「簡」とが定義される。そして最後には、

勥（剛）、義之方。矛（柔）、悳（仁）之方也。「不勥（強）不梂（急）、不勥（剛）不矛（柔）」、此之胃（謂）也■。

［剛は、義の方。柔は、仁の方なり。「強ならず急ならず、剛ならず柔ならず」とは、この謂なり■。］（同上）

として、「仁」と「義」の調和が説かれ、詩の引用で結ばれる。

（一三）例えば、魏啓鵬『簡帛《五行》箋釈』（万巻楼、二〇〇〇年）、龐樸『竹帛《五行》篇校注及研究』（万巻楼、二〇〇〇年）、李零前掲書など。

（一四）例えば、郭沂「《五行》考釈」（同『郭店竹簡与先秦学術思想』上海教育出版社、二〇〇一年所収）、池田「『五行』訳注」など。

（一五）したがって、邢文「楚簡《五行》試論」（『文物』一九九八年、第十期）は、第二十章の記述をその前の第十七・十八・十九

章の「一段の内容に基づく」ものとするが、より正確には第十八章の墨釘符号（「■」）で区切られた「不以小道害大道、簡也■」と、「有大罪而大誅之、行也■」という記述を踏まえたものである、と補足したい。

（一六）　第二十一章には、次のようにある。

君子集大成。能進之、爲君子、弗能進也、各止於丌（其）里。大而晏（罕）者、能又（有）取安（焉）。小而訪〈診〉（軫）者、能又（有）取安（焉）。匹（捜）膚（盧）膚（盧）、達者〈諸〉君子道、胃（謂）之臤（賢）。君子智（知）而與（擧）之、胃（謂）之僔（尊）臤（賢）、智（知）而事之、胃（謂）之僔（尊）臤（賢）者也。〔前、王公之僔（尊）臤（賢）者也。〕後、士之僔（尊）臤（賢）者也■。

〔君子、集めて大成す。能く之れを進めば、君子と為り、進む能はざれば、各の其の里に止まる。大にして罕なる者は、能く焉《こ》こに取る有り。小にして軫《おほ》き者は、能く焉こに取る有り。捜《もと》むること盧盧として、君子道に達する者は、之れを賢と謂ふ。君子、知りて之れを挙ぐる、之れを賢を尊ぶと謂ひ、知りて之れに事ふるを、之れを賢を尊ぶ者と謂ふなり。〔前は、王公の尊賢なるものなり。〕後は、士の尊賢なるものなり■。〕（第二十一章）

文中に「尊賢」の語が確認される。また、文末には墨節符号（「■」）が確認されることから、この一文を以て第二段目が終わると考えられる。

第四章　郭店楚簡『五行』第三段目の思想と構造

はじめに

郭店『五行』計三つの段の中、第一段目と第二段目については、既に検討を加えた。各段には墨節符号(「■」)に対応して、それぞれに文章の構造的まとまりと、思想的一貫性とが見いだされることを指摘した。以下、最後の第三段目について、その思想と構造について、検討を加えたい。

一

郭店『五行』第三段目の冒頭にあたる第二十二章は、次のように始まる。

耳目鼻口手足六者、心之返(役)也。心曰唯、莫敢不唯。如(諾)、莫敢不如(諾)。進、莫敢不進。後、莫敢不後。深、莫敢不深。渼(淺)、莫敢不渼(淺)。和則同、同則善■。

［耳目鼻口手足の六者は、心の役なり。心唯《い》せよと曰へば、敢へて唯せざるなし。諾《だく》せよと曰へば、敢へて諾せざるなし。進めと曰へば、敢へて進まざるなし。後《しりぞ》けと曰へば、敢へて後かざるなし。深くせよと曰へば、敢へて深くせざるなし。浅くせよと曰へば、敢へて浅くせざるなし。和すれば、則ち同じ、同ずれば、則ち善■。］（第二十二章）

ここでは、「耳」「目」「鼻」「口」「手」「足」と「心」との関係を喩えにして、「善」について説明される。「耳」「目」等の六者は、「心」の命ずるままに然るべく行動し、敢えてそれに違反することはない。このように、ある命令に忠実に従い同調した行為が「善」とされる。「善」は、常に主体の道徳的判断の下に実践されるものとされる。

続く第二十三章から第二十六章までは、墨釘符号（「■」）の付され方に従えば、ひとまとまりとなる。そのうち、第二十三章から第二十五章までには、次のようにある。

目而智(知)之、胃(謂)之進之。

［目して之れを知る、之れを、之れを進むと謂ふ。］（第二十三章）

䚾(喩)而智(知)之、胃(謂)之進之。

［喩《さと》りて之れを知る、之れを、之れを進むと謂ふ。］（第二十四章）

辟(譬)而智(知)之、胃(謂)之進之。

［譬《たと》へて之れを知る、之れを、之れを進むと謂ふ。］（第二十五章）

先ず、「目して之れを知る」とは、目で見て、視覚的に対象を識別する、という意味[一]。以下の「喩」「譬」といった知り方に比べれば、最も単純な知り方である。「之れを進む」とは、郭店『五行』第二十一章に、「君子集大成。能進之、爲君子」［君子、集めて大成す。能く之れを進めば、君子と為る］とあるのを踏まえている。君子の人格を実現するため、徳に対する自覚と理解とを深めるその活動を指す。[二] 「喩《さと》りて之れを知る」（第二十四章）とは、これも理解の仕方の一種である。「喩」については、馬王堆『五行』の《説》には、

楡（喩）之也者、自所小好楡（喩）虖（乎）所大好。

〔之れを喩《さと》るなる者は、小しく好む所によりて、大いに好む所を喩る。〕

とあり、また、

繇色楡（喩）於禮、進耳。

〔色に繇《よ》りて礼に喩るは、進むのみ。〕

とある。池田『帛書五行篇』第二部訳注編、第二十五章「説」は、この馬王堆『五行』《説》の説明に基づき、「喩」を「（レベルの低いものを元にしてレベルの高いものを）比較」することと解釈し、更にはこれを「墨家流の経験科学的な「智」」とする。[三] ただし、ここで付言すべきは、馬王堆『五行』《説》は、「喩」を説明する際に、「小しく好む所によりて、大いに好む所を喩る」等とあるように、説明の部分において再度「喩」という言葉を用いていることである。つまり、馬王堆『五行』《説》の説明は、「喩」それ自体の意味を明らかにしたものであるよりは、むしろ、「喩」それ自体の意味に対しては一定の了解を前提とした上で、単に「喩《さと》」るという行為の一つの具体例を示したものに過ぎないのではないか。

そこでの記載のように、「喩」の後に「乎」「於」が加わる用例を他文献に探すと、例えば、『韓詩外伝』巻五に、「好惡喩乎百姓、則下應其上如影響矣」〔好悪、百姓に喩らるれば、則ち下、其の上に応ずること影響の如し〕とあり、『戦国策』燕宋衛策に、「教化喩於民、三百之城、足以爲治」〔教化、民に喩らるれば、三百の城、以て治を為すに足る〕とある。[四] これらの用例を参考にするならば、「喩」それ自体には必ずしも比較するという意味が含まれ

ない。これらは、「経験科学的な「智」」であるよりは、むしろ却って、非経験科学的な感得に近い知り方と見なす方が相応しいと考えられる。したがって、馬王堆『五行』及び郭店『五行』における「喩」もまた、比較するという意味にこだわらずに、そのまま「さとる」と解釈すべきと考えられる。そして、前章との違いについて言えば、「目して之れを知る」ことが単に視覚の対象となる物質的な識別がつくことであるのに対し、「喩《さと》りて之れを知る」ことは、必ずしもその対象が視覚の対象に限らないことに、その違いがあると考えられる。(五)

「譬へて之れを知る」(第二十五章)とは、譬喩を通して対象を知ること。(六)「目して之れを知る」ことや、「喩りて之れを知る」は、必ずしも言葉を媒介にした知り方に限らないのに対し、「譬へて之れを知る」ことは、おおよそ言葉を媒介にした知り方であることに、その違いがあると考えられる。

二

以上、「目」「喩」「譬」は、いずれもこれらを「進」めるのが人の側の活動であるのに対し、次の一文では、天の側の活動について述べられる。第二十六章には、次のようにある。

幾而智(知)之、天也。上帝臤(臨)(七)女(汝)、毋貳爾心、此之胃(謂)也■。

「幾《きざ》して之れを知るは、天なり。上帝は汝に臨めり、爾の心を弐つにするなかれ、とは此れを之れ謂ふなり■。」(第二十六章)

文中の「幾」については、『易』繫辞下伝を見ると、「幾者、動之微。吉之先見者也」「幾なる者は、動の微なり。吉の先に見はるる者なり」とある。(八)これによれば、「幾」とは、物事のきざしといった意味と考えられる。次いで、

「之れを知るは、天なり」とある。そうしたきざしを察知するのが「天」である、ということである。では、「天」が察知するきざしとは、何のきざしであり、そして、そもそもきざしを察知する「天」とは、具体的には何を指すのか。それを比喩的に明らかにしようとするのが文末に引かれる『詩経』大雅大明篇の詩である。「上帝は汝に臨めり、爾の心を弐つにするなかれ」とは、上帝は人の外面的な言動のみならず、内面的な心の動きをも監視し察知するから、人は決して二心を抱いてはならない、という意味である。前文からの流れよりすれば、この詩の「上帝」が前文の「天」に相当すると考えられる。であるならば、前文のきざしを察知する「天」とは、「上帝」と同じく人ならぬ外在的な天、と解釈すべきであろう。

馬王堆『五行』《説》には、「唯有天徳者、然笱(后)鐖(幾)而知之」〔唯だ天徳有る者のみ、然る后に幾して之れを知る〕とある。要するに、馬王堆『五行』《説》は、「天なり」を「天徳有る者」と言い換え、きざし(「幾」)を「知る」のは、「天」でなく「天徳有る者」すなわち人、と見なす。しかしながら、「天」を人と見なす根拠を具体的に提示することは、決して容易ではないであろう。それに加え、文末の詩では、「爾」の内面を鋭敏に察知するのは、人ではなく「上帝」とされながら、却ってこれに対応する「幾し」て「知る」のが人であると見なしてしまうと、何がどう「此れを之れ謂ふ」のか、この詩と前文との繋がりを整合的に説明するためには、多くの言葉を費やさなければならなくなる。それよりはむしろ、詩と前文との対応関係に従い、「幾して之れを知る」のは、「上帝」と同じく人ならぬ外在的な「天」と解釈すれば、文末の詩まで特別な説明を施すまでもなく、文意は滞りなく通るであろう。[九] そして、同じようにこの詩との対応関係から類推すれば、その「天」(「上帝」)が察知するきざし(「幾」)とは、人が「心」を「弐」つにするそのきざし、と考えられる。

要するにこの一文は、常に「汝に臨」み、「幾《きざ》して之れを知」るといった、人の内面の道徳性をも鋭敏に察知する「上帝」、すなわち「天」を想定することによって、人の意識を外面的な形式を整えることから、内面的な道徳性を整えることへと向けるのがその主旨と考えられる。

そして、ここで求められる道徳的なあり方とは、詩によれば、「心」を「弐つ」にしないことであった。もしこれを、心を一つにすることと言い換えれば、それは、郭店『五行』第七章の次の言葉に対応する思想と考えられる。

要(叔)人君子、亓(其)義罷(一)也。能爲罷(一)、肰(然)句(後)能爲君子。君子訢(愼)亓(其)蜀(獨)也■。

[叔人君子は、其の義、一なり。能く一為りて、然る後に能く君子為る。君子は其の独を慎むなり■。]

「其の義、一なり」とあるのは、君子の具体的な行動には各種の相違が見られるとしても、その背後にある理念は一つであり、信念は一貫していることを指す。「能く一為り」とあるのは、そうした理念や信念の一貫性を保持することである。そして「其の独を慎む」とあるのは、雑念を去り、心や思いを専一にすることを指すと考えられる(一〇)。

これもまた、外面的な形式よりも、内面の道徳性を重視する思想と言え、それが郭店『五行』の基本思想であることがわかる。このことから、郭店『五行』第二十六章の一文は、こうした「一」の思想との関連において解釈されるべき、と考えられる(一一)。

三

続く第二十七章には、次のようにある。

天陞(施)者(諸)亓(其)人、天也。亓(其)人陞(施)者(諸)人、儘(人)也■。

「天、これを其の人に施すは、天なり。其の人、これを人に施すは、人なり■。」（第二十七章）

前章では、人の内面の徳性を鋭敏に察知し判断する、という天の能力について説かれていた。そして本章では、「天、これを其の人に施すは、天なり」とあるように、そのような天の能力は、天がひとり具えるのみならず、人もまたそれを天から施されていることがここではじめて明らかにされる。[二二] このように、人のある能力の由来について、それを「天」が「施」したとする思想は、『春秋繁露』竹林篇にも、同様の用語でそれを表現する例が確認される。[二三] しかしながら、郭店『五行』の特徴は、「其の人、これを人に施すは、人なり」とあるように、そうした能力は、「天」が「人」に「施」すだけでなく、更には、「人」自身もまた、これを他の「人」に「施」す、と主張することである。[二四]

ちなみに、「天」から施された能力を「人」が「人」に施すとき、その伝達を媒介する人が郭店『五行』では「其人」と表現されるが、この「其人」という用語は、伝世文献にもいくつかその用例が散見する。例えば、『礼記』中庸篇には、「禮儀三百、威儀三千、待其人然後行」「礼儀三百、威儀三千、其の人を待ちて然る後に行はる」とあり、『易』繋辞下伝にも、「苟非其人、道不虚行」「苟めにも其の人に非ざれば、道は虚行せず」とある。また、『荀子』君道篇には、「法不能獨立、類不能自行。得其人則存、失其人則亡」「法は独立する能はず、類は自行する能はず。其の人を得れば、則ち存し、其の人を失へば、則ち亡ぶ」とある。[二五]

これらの用例における「其人」とは、単なる一般的な人の意味ではない。「礼儀」「威儀」（『礼記』中庸篇）、「道」（『易』繋辞下伝）、「法」「類」（『荀子』君道篇）といった客観的規律を正しく理解し、それを適切に実践し、その効果を十分に発揮させる特別な人物を指す。

伝世文献の用例においては、もはや、人が人に何かを「施」すといった、能力の授受を主張する意図は、郭店『五行』ほど明確でない。[二六] 郭店『五行』における「其の人」は、「天」から能力を施され、かつそれを他の「人」

に施す特別な人物を指すのであるから、それが単なる一般的な人の意味でないという点においては、伝世文献の諸例と同様であろう。しかしながら、その具体的な内容に注目するならば、同じく「其の人」という用語が用いられながらも、能力の由来(「天施」)とその伝達(「人施」)を主題とし、それを天と人との関係のうちに論じるところは、郭店『五行』第二十七章の特徴の一つと言えよう。

四

郭店『五行』の最終章である第二十八章は、次のように締め括られる。

𦖞(聞)道而兌(悅)者、好悬(仁)者也■。
𦖞(聞)道而畏者、好義者也■。
𦖞(聞)道而共(恭)者、好豊(禮)者也■。
𦖞(聞)道而㦤(樂)者、好悳(德)者也■。

[道を聞きて悦ぶ者は、仁を好む者なり■。道を聞きて畏るる者は、義を好む者なり■。道を聞きて恭しくする者は、礼を好む者なり■。道を聞きて楽しむ者は、徳を好む者なり■。](第二十八章)

ここでは先ず、「道」を「聞」いて「悦」ぶ者が「仁を好む者」とされ、以下同様に、「道」を「聞」いて「畏」れ、「恭」しくし、「楽」しむ者がそれぞれ「義」「礼」「徳」を「好」む者とされる。

ここで繰り返される「道」を「聞」くという行為については、郭店『五行』第十五章に、次のようにあった。

𦖞(聞)君子道、聰也。𦖞(聞)而智(知)之、聖也。

〔君子道を聞くは、聡なり。聞きて之れを知るは、聖なり。〕

ここでは、単に「道」を耳にし「聞」くだけでなく、それが「道」であることを「知」り、その内容を理解する能力が特別に「聖」と名付けられた。その一方で、第十四章には、

　𦖞(聞)君子道而不智(知)亓(其)君子道也、胃(謂)之不聖。

〔君子道を聞きて、其の君子道を知らず、之れを不聖と謂ふ。〕

ともあり、「道」を耳にし「聞」いてはいるものの、それが「道」であることを「知」ることができず、したがってその内容も理解できない状態は、「不聖」とされた。最終章の記述は、こうした「聖」に関する思想を踏まえたものと考えられる。つまりここでは、「道」を「聞」いてもそれが「道」であることを知ることができなかったり、何の反応を示すこともできないような者と、道を聞いたときに、直ちにそれを「悦」ばしく、「畏」ろしく、「恭」しく、「楽」しいものとして受け取ることのできる者との間に違いを見いだし、後者に「仁」「義」「礼」「徳」を「好む者」としての価値を見いだしているのである。

む す び

最後に、第三段目の構造的特徴と思想的特徴について、まとめよう。

先ず、構造的特徴としては、第三段目では、それぞれ独自に新たな概念を提示する章節が目立つ。つまり、各章節が同じ概念を共有し、それを順次受け渡しながら論述を展開する、という第一、第二段目に顕著な論述形式が採られていないことを指摘することができる。

そして、思想的特徴としては、「耳」「目」「鼻」「口」等の身体器官と「心」との関係を喩えにして、「善」の性質を説明する第二十二章や、「目」「喩」「譬」「幾」といった概念を用いて、知るという行為を分析する第二十三、二十四、二十五、二十六章、「幾して之れを知」る能力の由来と、その伝達を「天」と「人」との関係において説明する第二十七章、そして、「仁」「義」「礼」「徳」と、聞いて知る能力との関係を示唆する最終章など、それぞれに独自の思想を見いだすことができる。しかしながら、これら各章節同士の論理的繋がりや、全体としての思想的主題は、第一、第二段目に比べると明確ではない。

要するに、第一、第二段目に比べると、第三段目では、その論述形式にさほど配慮されることもなく章節が配置され、後付け的に新たな思想が順次加えられた、と見なすことができる。本来であれば、郭店『五行』最終章の末尾は、墨節符号（「■」）が付されてよいにもかかわらず、敢えてそれが付されないのも、第三段目がこのように全体としての思想的及び構造的まとまりに欠けるため、と推測される。

こうした郭店『五行』第三段目の特徴を考察する上で、注目すべき報告がある。湯浅邦弘「郭店楚簡『六徳』について――全体構造と著作意図――」（『中国出土資料研究』第六号、二〇〇二年）は、『六徳』を計七つの節に分けてその内容を逐一分析し、冒頭から第二十六号簡の途中までを『六徳』前半部とし、それ以降を後半部として大別した。じつは、その前半部と後半部との境目（第二十六号簡）には、ちょうど墨節符号（「■」）が確認される（本書第二章図9参照）。更に、その第二十六号簡の墨節符号（「■」）以下を後半部とし、そこから第三十三号簡までの間の記述を一節としてまとめるが、その第三十三号簡にもまた、墨節符号（「■」）が確認される（同上参照）。

湯浅氏は、その第三十三号簡の墨節符号（「■」）から篇末までの記述には、それ以前の記述と比べて思想的に「整合性を欠いて」いたり「視点が移行」している部分を含むと指摘する。氏が指摘した『六徳』の内容上のまとまりは、符号に言及した上で導かれたものではなく、したがって、却ってそのことで、図らずも『六徳』における墨節符号(「■」)の意味を内在的な論理と思想とに即して証明する形となっている。[一七] 郭店『五行』の墨節符号(「■」)に対しても、一つの傍証となろう。とりわけ、『六徳』における二つ目の墨節符号(「■」)から文末までの内容が異質であることは、郭店『五行』第三段目との構造的な類似を窺わせよう。

(一)「目」は、或いは「眸」の異体字で、意識を集中してじっくり見る、といった意味かもしれない。『荀子』大略篇に、「今夫亡箴者、終日求之而不得、其得之非目益明也。眸而見之也。心之於慮亦然」[今、夫れ箴を亡ふ者、終日、之れを求むるも得ず、其の之れを得るは、目の明を益すに非ざるなり。眸して之れを見ればなり。心の慮におけるも亦た然り]とある(龐樸『竹帛《五行》篇校注及研究』万巻楼、二〇〇〇年)「竹帛《五行》篇校注」。

(二)『韓詩外伝』巻二に、「被夫子之文寖深、又賴二三子切瑳而進之、……詩曰、如切如瑳、如琢如磨」[夫子の文を被むるや寖《やうや》く深く、又た、二三子の切瑳に頼りて、之れを進む、……詩に曰はく、切るが如く瑳くが如く、琢くが如く磨くが如し]とある。

(三)池田「『五行』訳注」第二十六章注1。

(四)用例については、香港中文大学中国文化研究所漢達古籍資料庫中心『漢達古籍資料庫』(商務印書館(香港)有限公司、二〇〇三年)を利用した。

(五)また、『論語』里仁篇に、「子曰、君子喩於義、小人喩於利」[子曰はく、君子は義に喩り、小人は利に喩る]とあり、『呂氏春秋』季秋紀精通篇に、「故君子誠乎此而諭乎彼、感乎己而發乎人」[故に君子は、此れに誠にして彼に諭られ、己に感じて人に発す]とあるのを参考にすれば、「義」「利」(『論語』里仁篇)や相手の「誠」さ(『呂氏春秋』季秋紀精通篇)を「喩」るという知り方は、「目す」のように単に視覚の対象となる物質的な識別がつくことを指すに止まらないようである。更には、価値に対する判断がつくことをも含むと考えられる。

(六)『荀子』非相篇に、「分別以喩之、譬稱以明之」[分別、以て之れを喩し、譬称、以て之れを明らかにす]とある。

(七)「睤」字は、馬王堆『五行』は「臨」に作る。ここでは、「臨」の異体字または訛字と見なす(池田「『五行』訳注」第二十六章注2参照)。

(八)「幾」は、馬王堆『五行』では「鐖」に作り、龐樸前掲書は、「禨、吉凶先兆也」とする。しかしながら、『五行』の文脈からすれば、ここにいわゆるきざしは、必ずしも「吉凶」のそれに限定される必要はないであろう。

(九) なお、かかる馬王堆『五行』《説》の解釈は、おそらく次章の内容を先取りしてなされたものと考えられる(本章注三参照)。

(一〇) この第七章の解釈については、本書第二章参照。

(一一) この『詩経』大雅大明篇の詩は、『春秋繁露』天道無二篇にも見え(池田『帛書五行篇』第二部訳注編、第二十六章「経」注7)、そこには次のようにある。

不一者、故患之所由生也。是故君子賤二而貴一。人孰無善、善不一、故不足以立身。治孰無常、常不一、故不足以致功。詩云、上帝臨汝、無二爾心、知天道者之言也。

［一ならざるは、故に患の由りて生ずる所なり。是の故に君子は二を賤しみて一を貴ぶ。人は孰れか善無きや、善、一ならず、故に以て身を立つるに足らず。治は孰れか常無きや、常、一ならず、故に以て功を致すに足らず。詩に、上帝は汝に臨めり、爾の心を二つにする無かれ、と云ふは、天道を知る者の言なり。］

ここでは、人の「善」道や統治の「常」道は、必ず一つであるとされ、「善」と「常」の多義性を否定し、その一義性を比喩的に表現するものとして、大雅大明篇の詩が引かれる。「一」の具体的内容こそ郭店『五行』とは異なるものの、この用例からしても、郭店『五行』における大雅大明篇の詩もまた、郭店『五行』第七章における「一」との関連において、解釈すべきと考えられる。

(一二) なお、郭店『五行』第二十六章に、「幾而知之、天也」とあり、馬王堆『五行』《説》には、「唯だ天徳有る者のみ、然る后に幾して之れを知る」とあったが、この馬王堆『五行』《説》の解釈は、「人」がかかる能力を「天」から「施」されたとする、本章の記載を先取りしたものと考えられる。だが、そうした先取りした読み方の手続き上の当否と、「天」を直ちに「有天徳者」(人)と同一視する解釈上の当否は、十分に検討し直されてよいはずである。

(一三) 『春秋繁露』竹林篇に、次のようにある。

今善善悪悪、好榮憎辱、非人能自生。此天施之在人者也。君子以天施之在人者聽之。

［今、善を善とし、悪を悪とし、栄を好み辱を憎むは、人、能くみずから生ずるにあらず。此れ、天施の人に在る者なり。君子は天施の人に在る者を以て之れを聴く。］

善を善とし、悪を悪とする等の価値判断の能力は、人が自力でみずからに生み出したものではなく、本来は、天が人に施したものとされる。

(一四)　また、「天なり」「人なり」とあるように、能力の由来について、天与と人為との別をもうけるところも、特徴の一つに数えることができるであろう。

(一五)　また、『礼記』中庸篇には、次のようにある。

文武之政、布在方策。其人存、則其政擧、其人亡、則其政息。

［文武の政は、布して方策に在り。其の人、存すれば、則ち其の政は挙がり、其の人、亡ぶれば、則ち其の政は息む。］

更には、郭店『五行』と同じ郭店楚簡の一つである『六徳』（第四十八簡）にも、次のようにある。

新（親）遷（戚）遠近、唯亓（其）人所才（在）。得亓（其）人則𦦙（擧）安（焉）、不得其人則止也。

［親戚遠近は、唯だ其の人の在る所のみ。其の人を得れば、則ち挙げ、其の人を得ざれば、則ち止むなり。］

「文武の政」（『礼記』中庸篇）や「親戚遠近」（『六徳』）といった規律がその効果を発揮するためには、それを正しく理解し、適切に実行する然るべき人物（「其の人」）が必要とされる。

(一六)　ちなみに、馬王堆『五行』では、郭店『五行』第二十七章の文末に、次の一文が新たに加わる。

亓（其）人它（施）者（諸）人、不得亓（其）人不爲法。

［其の人、これを人に施し、其の人を得ざれば、法と為らず。］

「法」は、それを正しく理解し、適切に実行する然るべき人物（「其の人」）が得られなければ、その「法」としての機能が発揮されない、と主張される。この一文が新たに加わることで、馬王堆『五行』の「其の人」をめぐる考えは、『荀子』君道篇の「法不能獨立、……得其人則存、失其人則亡」［法は独立する能はず、……其の人を得れば、則ち存し、其の人を失へば、則ち亡ぶ］という考えに近くなる。

(一七)　また、周鳳五「郭店竹簡的形式特徴及其分類意義」（武漢大学中国文化研究院編『郭店楚簡国際学術研討会論文集』湖北人民出版社、二〇〇〇年所収）は、墨節符号（「■」）に従い『六徳』を全「三章」に分けている。しかしながら、その符号が『六徳』の内在的な論理や思想とどのような関係にあるのか、その具体的な内容については、明らかにしていない。

第五章　『孟子』万章下篇「金聲而玉振之」考

——馬王堆漢墓帛書『五行』を手がかりに——

一　問題提起

『孟子』万章下篇の次の一文は、人口に膾炙した「集大成」という言葉の典拠として有名である。

孟子曰、伯夷、聖之清者也。伊尹、聖之任者也。柳下惠、聖之和者也。孔子、聖之時者也。孔子之謂集大成。集大成也者、金聲而玉振之也。金聲也者、始條理也。玉振之也者、終條理也。始條理者、智之事也。終條理者、聖之事也。

［孟子曰はく、伯夷は、聖の清なる者なり。伊尹は、聖の任なる者なり。柳下恵は、聖の和なる者なり。孔子は、聖の時なる者なり。孔子を之れ、集大成と謂ふ。集大成なる者は、金声にして、玉、之れを振《おさ》むるなり。金声なる者は、条理を始むるなり。玉、之れを振むるなる者は、条理を終ふるなり。条理を始むるは、智の事なり。条理を終ふるは、聖の事なり。］

「集大成」とは、要するに先人の諸々の功徳を昇華させ一つにまとめ上げること、という意味と理解されるが、

『孟子』はそれを「金聲而玉振之」（以下、「金聲玉振」と表記）と説明する。一般にこの「金聲玉振」の一句は、「金聲」は鐘を打ち鳴らし演奏を始めること、「玉振之」は玉（磬）を打ち鳴らして演奏を締め括ること、と解釈される[一]。そうした解釈の直接の拠り所は、朱熹の『孟子集注』である。

金鍾屬、聲宣也。如聲罪致討之聲。玉、磬也。振、收也。如振河海而不洩之振。始、始之也。終、終之也。……八音之中、金石爲重。故特爲衆音之綱紀。又金始振、而玉終詘然也。故竝奏八音、則於其未作而先擊鎛鐘、以宣其聲、俟其旣闋、而後擊特磬、以收其韻。宣以始之、收以終之。……金聲玉振、始終條理、疑古樂經之言。

［金は鍾の属、声は宣ぶるなり。罪を声し討を致すの声の如し。玉は磬なり。振は収むるなり。河海を振《おさ》めて洩らさず、の振の如し。始は、之れを始むるなり。終は、之れを終ふるなり。……八音の中、金石を重しと為す。故に特に衆音の綱紀と為す。又た金の始めは振るひて、玉の終はりは詘然なり。故に並んで八音を奏でれば、則ち其の未だ作らざるにおいて、先に鎛鐘を撃ち、以て其の声を宣べ、其の既に闋《お》はるを俟ちて、後に特磬を撃ち、以て其の韻を収む。宣べて、以て之れを始め、収めて、以て之れを終ふ。……金声玉振、条理を始め終ふるは、疑ふらくは、古楽経の言。］

現在の通説は、この「玉は磬なり」「振は収むるなり」「先に鎛鐘を撃ち、以てその声を宣べ、……後に特磬を撃ち、以てその韻を収む」とする朱熹の説に基づく。しかしながら、朱熹みずから最後に「疑古樂經之言」と結ぶのは、実際にこの説を裏付ける直接の証拠があるわけではなく、この説がなお有力な仮説の一つに止まることを物語っている[二]。

例えば、「振」を「収む」と読むのは、確かに鄭玄注の記載があるとしてもかなり特殊な読み方であるから、当然、他の仮説が成り立つ余地も残される[三]。大阪懐徳堂の儒者、中井履軒（一七三二～一八一七）[四]は、朱熹の説を批判し、次のような自説を提示する。

振、整之也。言鐘鼓雜奏、而擊磬以統攝之也。……戴記、詘然、指玉聲之終也。非樂之終。註引用失當。按商頌、鞉鼓淵淵、嘒嘒管聲、既和且平、依我磬聲。蓋鐘鼓管籥、其聲元不相關、各鳴其聲耳。乃使衆音相應、井然弗紊者、磬之職也。小雅、鼓瑟鼓琴、笙磬同音。可見磬與衆音齊鳴也。……註、大泥終始兩字。故解振爲收、遂以磬爲柷敔之類、不可從。及以金聲爲衆音之先、亦非。

[振は、之れを整ふるなり。言ふこころは、鐘鼓雑奏して、磬を撃ち以てこれを統摂するなり。……戴記、詘然は、玉声の終はりを指すなり。楽の終はりに非ず。註の引用は、当を失す。按ずるに商頌、鞉鼓淵淵、嘒嘒たる管声、既に和し且つ平らか、我が磬声に依る。蓋し鐘鼓管籥、其の声は元、相ひ関せず、各々其の声を鳴らすのみ。乃ち衆音をして相ひ応じ、井然として紊れざらしむるは、磬の職なり。小雅、瑟を鼓し琴を鼓す、笙磬、音を同じくす。磬と衆音とは[五]斉しく鳴るを見る可きなり。……註は、大ひに終始の両字に泥む。[六]故に振を解して収と為し、遂に磬を以て柷敔の類と為すは、従ふ可からず。金声を以て衆音の先と為すに及ぶも、亦た非。]

履軒の解釈の特徴は、『詩経』商頌那篇に「既に和し且つ平らか、我が磬声に依る」とあり、小雅鐘鼓篇に「笙磬、音を同じくす」とあるのを根拠に、「玉振」の「振」を「整える」と読むことにある。「玉」(磬)は、演奏を締め括る役割にあるのではなく、他の楽器と一緒に演奏され、各々の音を統率して一つの音楽にまとめる役割にある、というのが履軒の見解である。

「振」を「整える」と読むことがなおも特殊な読み方であることに変わりはない。しかしながら、「註は、大ひに終始の両字に泥む。故に振を解して収と為し、遂に磬を以て柷敔の類と為す」として、「終」「始」の字を演奏の終始とする前提にこだわらない解釈の可能性を示す点は、大いに注目に値する。他文献における「金聲玉振」の古い用例は、『漢書』と『後漢書』に徴することができるが、そこから「演奏を始め」「演奏を終える」という意味を直ちに読みとることはできず、したがって、履軒の批判はその意味でも無視できない。『漢書』兒寛伝には、次のようにある。

今將舉大事、優游數年、使羣臣得人自盡、終莫能成。唯天子建中和之極、兼總條貫、金聲而玉振之、以順成天慶、垂萬世之基。

〔今、将に大事を挙げんとするに、優游たること数年、群臣をして人ごとにおのずから尽くすを得しむも、終に能く成す莫し。唯だ天子のみ中和の極を建て、兼ねて条貫を総べ、金声にして、玉、之れを振るひ、以て天慶に順成し、万世の基ひを垂る。〕

顔師古の注には「言振揚德音、如金玉之聲也」〔徳音を振揚すること、金玉の声の如きを言ふなり〕とあるように、この「金聲玉振」は、天子が優れた言葉を宣揚することの比喩と考えられる。『孟子』に対する従来の解釈を前提にしない限り、ここから演奏を始め演奏を終えるという意味を直ちに読みとることはできない。また、『後漢書』張衡伝には、次のようにある。

昔有文王、自求多福。人生在勤、不索何獲。曷若卑體屈己、美言以相剋。鳴于喬木、乃金聲而玉振之、用後勳、雪前吝。婞佷不柔、以意誰斬也。

〔昔、文王、自ら多福を求むること有り。人生は勤むるに在り、索めざれば、何をか獲ん。体を卑しくし己れを屈し、言を美しくし以て相ひ剋たんとするに曷若《いかん》。喬木に鳴けば、乃ち金声にして、玉、之れを振るひ、後勲を用ひて、前吝を雪ぐ。婞佷にして不柔なる、意を以て誰をか斬《あざけ》らんとす。(七)〕

張衡に対して、高位名声を求めることを促す一文であるが、やはりこの「金聲玉振」にも演奏を始め演奏を終えるという意味を直ちに読みとることはできない。李賢等の注に、「喩求仕遷於高位、振揚德音、如金玉之聲。孟子曰、金聲而玉振〔之〕」〔仕へんことを求め高位に遷り、徳音を振揚すること、金玉の声の如きを喩す。孟子曰はく、金声にして玉(之れを)振るふ」とあるのも、同様である。

履軒の批判及び、『漢書』『後漢書』の用例に鑑みれば、本来「金聲玉振」には、演奏を始め演奏を終えるという意味が必ずしも含まれない可能性が予想される。(八)『孟子』の一文を見ても、「始める」とか「終える」の意味を直接示すのは、「始條理」「終條理」の一句であって、「金聲玉振」それ自体ではないはずである。

そもそも、古代中国の文献において「金」と「玉」とが対称されるとき、それは例外なく財宝や貴重品を指す。朱熹は、「玉は磬なり」と断定し、履軒もその見解は踏襲するが、しかしながら、「八音之中、金石爲重」という朱熹の論証にも示されるように、「玉」は一旦「石」と言い換えない限り、それを直ちに楽器の「磬」と見なすことはできない。(九)であるならば、履軒の批判は更に徹底させるべきではなかろうか。即ち、単に「磬」の用い方に対する批判に止まらず、「金聲」の「金」を「鐘」と解釈し、「玉振」の「玉」を「磬」と解釈すること、乃至はここに演奏の次第を想定すること自体も、もう一度問い直されてよいように思われる。

このような批判に応える手がかりとして期待されるのは、一九七三年に湖南省長沙の馬王堆漢墓三号墓から出土した馬王堆漢墓帛書五行篇(以下、馬王堆『五行』)である。(一〇)既に多くの研究者によって指摘されるように、この新資料には、「金聲而玉振之」と「集大成」との語が確認されるからである。ところが従来、その手がかりとなるべき馬王堆『五行』の一文は、先に紹介した『孟子』に対する朱熹の解釈がほとんど無批判に適用されて解釈される。(一一)そうした手法では、馬王堆『五行』によって『孟子』を再考する機会が奪われるのみならず、馬王堆『五行』の思想文献としての独自性も、損なわれかねない。

一部にはこうした問題意識から、『孟子』に対する従来の解釈を前提とすることなく、馬王堆『五行』の「金聲玉振」の意味を確定する試みもなされている。(一二)本書もまた、その問題意識を引き継いで、馬王堆『五行』の「金聲玉振」の意味を確定し、更にはそれをもとに、『孟子』の「金聲玉振」の解釈に対して一案を提示したい。

二　馬王堆『五行』《説》

馬王堆『五行』は、馬王堆帛書『老子』甲本の後部に位置する古佚書四篇の一つで、『老子』甲本の第一七〇行から第三五〇行までに渉る文献である。そのうち、第一七〇行から第二一四行までが経文（以下、《経》）に相当し、第二一五行から第三五〇行までは、前半部分の《経》を一字乃至一文ずつ解説する説文（以下、《説》）に相当する。[一三] 題名として名付けられた「五行」とは、「仁」「義」「礼」「智」「聖」の「五」つの「行」いを指す。馬王堆『五行』第一章には、この文献の思想的特徴の一つが示されており、

徳之行五和、謂之徳、四行和、謂之善。善、人道也。徳、天道也。

［徳の行ひ五つ和する、之れを徳と謂ひ、四行和する、之れを善と謂ふ。善は、人道なり。徳は、天道なり。］

とある。[一四]「徳之行五」とは、「仁」「義」「礼」「智」「聖」の「五行」を指す。それが「和」した状態を「徳」とし、そこから「聖」を除いた「四行」が「和」した状態を「善」とする。そして「善」と「徳」とは、それぞれ「人道」と「天道」とされる。「四行」とそれに「聖」を加えた「五行」との違いは、単に徳目の数が一つ増えるに止まらず、「善」即ち「人道」と「徳」即ち「天道」との違いを意味する。具体的に「聖」のいかなる性質が「善」と「徳」との違いをもたらすのかは、別に探究されなければならない難題であるが、ここではひとまず、その違いが「聖」の有無にあることを確認しておきたい。

問題の「金聲而玉振之」の語は、馬王堆『五行』第九章《経》[一五]に次のようにある。

金聲而玉振之、有徳者也。金聲、善也。王(玉)言〈音〉、聖也。善、人道也。徳、天道也。唯有徳者、然笱

（後）能金聲而玉振之之。[16]

［金声にして、玉、之れを振るふは、徳有る者なり。金声は、善なり。玉言〈音〉は、聖なり。善は、人道なり。徳は、天道なり。唯だ、徳有る者のみ、然る後に能く金声にして、玉、之れを振るふ。］

ここにも「善」「人道」、「徳」「天道」の語が見える。語順の対応関係に着目すれば、「金声」は「善」「人道」の比喩であり、「玉振」は、途中「玉言」（「玉音」）と言い換えられるが、「徳」「天道」を実現する直接の契機、即ち「聖」の比喩であることがわかる。この第九章からは、「善」（「四行」「人道」）に「聖」が加わることで、「徳」（「五行」「天道」）となるのに対応して、それを比喩する「金声」（「四行」「善」「人道」）に「玉振」（「聖」）が加わることで、「金聲而玉振之」即ち「有徳者」（「五行」「徳」「天道」）になる、という対応関係を読みとることができる。そして、この第九章の具体的な意味については、第九章《説》に次のように説明される。

金聲、〔善也。金聲者〕□□繇(由)徳重。善也者、有事焉者。可以剛柔多鈴(合)爲。故〔曰〕善。〔玉辰(振)、聖也。玉辰(振)〕也者、忌(己)有弗爲而美者也。雖(唯)有徳者、然笱(後)能金聲而玉辰(振)之。金聲而玉辰(振)之者、動□而〔笱(後)能〕井(形)善於外。有徳者之〔至〕。

［金声は、〔善なり、金声とは〕□□徳に由りて重し。善なる者は、事とする有る者。以て剛柔多く為を合すべし。[17] 故に善と〔曰ふ〕。〔玉振は、聖なり。玉振〕なる者は、己れ為さずして美なること有る者なり。唯だ徳有る者のみ、然る後に能く金声にして、玉、之れを振るふ。金声にして、玉、之れを振るふとは、□動じて〔後に能く〕善を外に形はす。徳有る者の〔至り〕。］

冒頭の文字が欠損しているので、「金声」の説明は直接読みとることができないが、「金声は、善なり」とあることから、「事とする有る」という「善」に対する説明は、「金声」にも当てはまるものと考えてよい。一方の「玉振」については、「己れ為さずして美なること有る」ものと明示される。

「事とする有る」とは、『荀子』正名篇に「不事而自然、謂之性」〔事とせずしておのずから然る、之れを性と謂ふ〕とあるように、性の自然な反応と対比されるような、作為的行為を指す。[一八] つまり、「金声」は、作為的行為の喩えであり、それは馬王堆『五行』第四章に「善弗爲亡（無）近」〔善は為さざれば近づくこと無し〕とあるように、「善」の実現のために作為を要求する思想に対応するものである。それに対して、「己れ為さずして美なること有る」とは、無作為でおのずから美しさを発揮することの喩えであることがわかる。[一九]

また、「集大成」を説明する馬王堆『五行』第二十一章《経》には、次のように見える。

君子雜（集）泰（大）成。能進之、爲君子。不能進、客（各）止於亓（其）〔里〕。

〔君子は集めて大成す。能く之れを進むれば、君子と為る。進むる能はざれば、各《おのお》の其の〔里〕に止まる。〕

「進」めることができる「君子」と、「進」めることができず「其の里に止ま」ってしまう者との二者が想定され、前者が集大成者とされる。そして、この一文に対するより詳しい説明は、第二十一章《説》に次のようにある。

〔君子雜（集）大成。雜（集）也者、猶造之也、猶具之也。大成也者、金聲玉辰（振）之也。唯金聲〔而玉辰（振）之者〕、然笱（後）忌（己）仁而以人仁、忌（己）義而以人義。大成至矣、神耳矣。人以爲弗可爲〔也〕、無繇（由）至焉耳。而不然。

〔〔君子は集めて大成す。集む〕とは、猶ほこれを造《いた》すがごときなり、猶ほ之れを具ふるがごときなり。大成すとは、金声にして、玉、之れを振るふなり。唯だ金声〔にして、玉、之れを振るふ者〕のみ、然る後に、己れ仁にして、人を以て仁にし、己れ義にして、人を以て義にす。大成の至りにて、神なるのみ。人は以為へらく、為す可からざる〔なり〕、由りて焉れに至る無きのみ、と。しかれども然らず。〕

「金聲而玉振之」とは、自分自身が「仁」になり「義」になるに止まらず、なおかつ他者をも「仁」にし「義」

にすることの比喩であることがわかる。そうした他者をも感化する状態を「大成の至り」とし、それを「神」と表現する。「神」とは、『孟子』尽心下篇に「充實之謂美、充實而有光輝之謂大、大而化之之謂聖、聖而不可知之之謂神」〔充実するを、之れ美と謂ひ、充実して光輝有るを、之れ大と謂ひ、大にして之れを化するを、之れ聖と謂ひ、聖にして之れを知るべからざるを、之れ神と謂ふ〕とあるような、個人の内面の道徳的充実が転じて他者をも感化するに至るその具体的過程や仕組みの不可知性を指す。

更に、第二十一章《説》は、次のように続く。

能進之、爲君子、弗能進、各止於亓(其)里。能進端、能終端、則爲君子耳矣。弗(能)進、各各止於亓(其)里。不莊(藏)(三〇)尤割(害)人、仁之理也。不受許(吁)駐(嗟)者、義之理也。弗能進也、則各止於亓(其)里耳矣。終亓(其)不莊(藏)尤割(害)人之心、而仁復(覆)四海、終亓(其)不受許(吁)駐(嗟)之心、而義襄天下。仁復(覆)四海、義襄天下而成、繇(由)亓(其)中心行之。亦君子已。

〔能く之れを進むれば、君子と為り、進む能はざれば、各の其の里に止まる。能く端を進め、能く端を終ふれば、則ち君子と為るのみ。進む(能は)ざれば、各各《おのおの》、其の里に止まる。尤《うら》みを蔵して人を害《そこな》はざるは、仁の理なり。吁嗟を受けざるは、義の理なり。進む能はざれば、則ち各の其の里に止まるのみ。其の、尤《うら》みを蔵して人を害《そこな》はざるの心を終へて、仁は四海を覆ひ、其の吁嗟を受けざるの心を終へて、義は天下を襄《つつ》む。仁は四海を覆ひ、義は天下を襄みて成るは、其の中心に由りて之れを行へばなり。亦た君子なるのみ。〕

《経》に「進む」とあったのは、より詳しく「端を進む」と説明される。「端」とは、『孟子』の「四端」に倣った言葉と考えられる。(三一)馬王堆『五行』では、具体的に「尤《うら》みを蔵して人を害《そこな》はざるの心」という、恨みを抱いて人に危害を加えようとしない心や、「吁嗟を受けざるの心」という、理不尽な扱いを断固拒否しようとする心であると説明される。「仁は四海を覆」い、「義は天下を襄《つつ》」むのは、「端を進」めて「端を終」えるためと説明されるが、文末では「仁は四海を覆ひ、義は天下を裹みて成る」のは、「其の中心に由りて之れを行へばなり」と総括される。この「中心に由りて之れを行」うことと、「事とする有る」こととは、その作為性の有無という観点において、正反対の行為と考えられる。したがって、善行を実践しても「その里に止ま」り未だ他者を感化できないのは、その行為が「事とする有る」ためであり、一方、「人を以て仁に」して「人を以て義に」し、「仁は四海を覆ひ、義は天下を裹」むとあるように、他者をも感化するに至るのは、その行為が「己れ為さずして美」なる「中心に由る」行為であるため、と言い換えることができる。

以上の思想と「金聲玉振」の比喩との対応関係を整理すれば、「金声」は「善」の比喩（前掲第九章）であるから、「事とする有る」ために善行を実践しても未だ他者を感化しない「その里に止まる」ことの比喩でもあり、「玉振」は「徳」を実現する契機である「聖」の比喩（前掲第九章）であるから、それは「中心に由りて行」い「己れ為さずして美」にして、「人を以て仁に」して「人を以て義に」して、「仁は四海を覆ひ、義は天下を裹」む「有徳者」となるための契機の比喩でもある、と考えられる。

馬王堆『五行』《説》に解説される「金聲玉振」の内容は上述のとおりであり、従来考えられているような「鐘を打ち鳴らして演奏を始め、玉を打ち鳴らして演奏を締め括る」という解釈が示されないことは、一目瞭然である。それならば、馬王堆『五行』《説》の説く「金声」と「玉振」とは、具体的にはいかなる意味なのか。先ず考えなければならないのは、「金」と「玉」とが何を指すのかについてである。

三　「金声」について

馬王堆『五行』《説》において、「金声」の語は、「善」の作為性を比喩するものと捉えられていたが、『尚書』洪範篇には「木曰曲直、金曰従革」とあり、その伝に「金、可以改更」とあるように、「金」はその形状を人為的に改変して適切な形に仕上げることができるものとされる。したがって、「金声」が「事とする有る」という作為性の比喩として用いられるのは、こうした「金」の改変可能な性質に着目したものと理解することも不可能ではない。『孟子』万章下篇に「金聲也者、始條理也」とある趙岐の注に、

始條理者、金從革、可治之使條理。

〔条理を始むるとは、金は従りて革め、之れを治めて条理ならしむ可し。〕

とあるのもまた、趙岐が「金声」の語を「金」の改変可能な性質(「従革」)と関連づけて理解していることを窺わせる。しかしながら、「金声」とあるように、その「声」が着目されている点は無視できない。その点を考慮するならば、馬王堆『五行』における「金声」は、「金石之聲」を省略した言葉と見なすのが穏当と思われる。つまり、「金声」の「金」を「金石」の「金」と見なすのである。ただし、馬王堆『五行』《説》には、楽器の演奏に関する記載がないのであるから、「金声」の訳語に関しては、先ずは文字に忠実に従い、素朴に「金の声」と訳すべきである。これが比喩であることを参酌しても、「金のように、(美しい)声を発し(三)」と訳すのが適切であろう。そして、「金声」の「金」を「金石」の「金」と見なすとき、注目すべきは郭店楚簡『性自命出』の次のような記載である。

凡性爲主、物取之也。金石之有聲、〔不叩不鳴(三)、人〕雖有性、心弗取不出。

〔凡そ性、主為れども、物、之れを取るなり。金石の、声有り、〔叩かざれば鳴らず、人〕性有りと雖も、心取らざれば出でず。〕

「金石」の「金」は、本来的に声を発する性質を具えながらも、逐一叩くという作為が加わらなければその本

性を発揮できないものとして描かれる。[二四]このような「金」に関する記述を念頭に置けば、「金声」が「事とする有る」という作為性の比喩となる理由も整合的に理解できる。すなわち、馬王堆『五行』における「金声」の語は、逐一叩かれて美声を発する「金」に対する観念を援用することで、逐一「事とする有り」て実践される「善」の作為性を比喩したものである、と理解することができる。

「金声」に関しては、それを楽器の「金石」と見なしても、『性自命出』等の記載を参考にすることで、馬王堆『五行』《説》の記載に即した説明が可能である。しかしながら、一方の「玉振」の「玉」を「石」即ち「磬」と見なしたのでは、そこからいかにして、「己れ為さずして美なること有る」等とあるような解釈が導かれるのか、その理由がうまく説明できない。馬王堆『五行』における「玉振」の「玉」が何を指すのかについては、予め「磬」に限定してしまうのではなく、一般的な「玉」に対してもその答えが広く求められるべきであり、楽器の演奏にこだわらない解釈の可能性が先ずは探られるべきである。[二五]

四　「玉振之」について

「玉」の性質を詳しく述べる文章としては、『礼記』聘義篇や、それと同様の文を載せる『荀子』法行篇、『管子』水地篇、『説苑』雑言篇、『淮南子』説山篇、『説文』などが有名である。[二六]「玉」は、五つ乃至九つの諸徳を併せ持つものとされるが、そこには例えば『礼記』聘義篇に「之れを叩きて其の声、清越にして以て長く、其の終はりは詘然」とあるように、音の美しさも言及される。朱熹は、この一文を「玉」が楽器であることの傍証と見なすようであるが、しかし、この一文は貴重品や財宝としての「玉」を叩いたら音も美しい、と言っているに過ぎず、「玉」が楽器であることを意味するものではない。(二七)『礼記』等の「玉」の音に関する記述は、通常のいわゆる「玉」であっても音の美しさが着目される証拠として、改めて捉え直すべきである。また、『詩経』鄭風有女同車篇に、

佩玉將將。彼美孟姜、徳音不忘。

[佩玉将将。彼の美なる孟姜、徳音忘れず。]

とあるのも、佩玉がふれあう音の美しさを言い、それを人格の徳性に準える伝統的な例を示している。楽器でなくても、「玉」の音の美しさは、優れた人格の比喩となる。(二八)

伝世文献には、「金聲玉振」と同じ修辞法を用いたと思われる言葉が散見し参考になるが、その場合の「玉」も楽器ではない。例えば『論衡』顕符篇に次のようにある。

金玉之世、故有金玉之應。文帝之時、玉棓見。金之與玉、瑞之最也。金聲玉色、人之奇也。

[金玉の世は、故に金玉の応有り。文帝の時、玉棓、見はる。金と玉とは、瑞の最なり。金声玉色は、人の奇なり。]

「金声」は、人物の声や言葉に対する修辞であり、一方の「玉色」は見た目に対する修辞であろうから、この場合の「玉」が楽器でないことは明らかである。また、『後漢書』班彪列伝第三十下には、次のようにある。

百姓滌瑕盪穢、而鏡至清、形神寂寞、耳目不營。嗜欲之原滅、廉正之心生、莫不優游而自得、玉潤而金聲。

[百姓は瑕を滌《すす》ぎ穢れを盪《あら》ひて、至清を鏡とし、形神、寂寞たりて、耳目、営まず。嗜欲の原滅し、廉正の心生じ、優游として自得し、玉潤にして金声ならざる莫し。]

ここには「玉潤而金聲」とあるが、この「玉」も楽器ではない。(二九)また、『墨子』経説上篇には、次のようにある。

實、榮也。實、其志氣之見也、使人如己、若金聲玉服。(三〇)

〔実は、栄なり。実、其の志気の見はるるや、人をして己れの如からしむること、金声玉服の若し。〕

一文の意味について、牧野謙次郎『墨子国字解』下(本章注三〇)は、次のように解説する。

實とは、表裏皆一にして、其の志氣の中に充實して外に見はるるや、他人をして感化して、己と異なることなからしむ、其の實の充ち美なること外に見はる者、宛かも金聲玉服の昭著にして人の耳目に映留せざるなきが如し……其の中に充實せる誠意、外に見はれ、他人を感化して己と同一の行動を取らしむるなり……金聲は金の鳴る聲にて美聲なり、玉服とは、服は佩也……必ず外に光輝著はるると、金聲玉服の其の美を掩はんと欲するも得べからざるが如くなるを謂ふ。

牧野氏はこのように説明するが、この場合の「玉」も楽器でないことは明白である。以上の用例は全て「金」と「玉」の美しさをその人物の徳性に準えるものであり、したがって、楽器の演奏の順序とは全く関係のないことがわかる。

以上の用例のうち、馬王堆『五行』の「金聲玉振」を読み解く上でとりわけ注目されるのは、『墨子』経説上篇の「金聲玉服」であろう。なぜならば、自身の道徳的完成(「實、其志氣之見」)によって他者を感化することの比喩として「玉」を用いる点は、馬王堆『五行』の場合と同じであるからである。では、その場合の「玉」とは、具体的に何を指すのか。『韓詩外伝』巻四に次のようにある。

顔淵蹙然變色曰、良玉度尺、雖有十仞之土、不能掩其光。良珠度寸、雖有百仞之水、不能掩其瑩。夫形體也(之)色(包)(三一)心也、閔閔乎其薄也。苟有溫良在中、則眉睫著之矣。疵瑕在中、則眉睫不能匿之。詩曰、鼓鐘于宮、聲聞于外。

〔顔淵、蹙然と色を変じて曰はく、良玉、度尺なれば、十仞の土有りと雖も、其の光を掩ふ能はず。良珠、度寸なれば、百仞の水有りと雖も、其の瑩《えい》を掩ふ能はず。夫れ、形体の、心を包むや、閔閔乎として、其れ薄きなり。苟めにも温良、中に在れば、則ち眉睫、之れを著はすこと有り。疵瑕、中に在れば、則ち眉睫、之れを匿す能はず。詩に曰はく、鐘を宮に鼓し、声、外に聞こゆ、と。」

人の心の善し悪しは隠すことができず、おのずから外に表れざるを得ないものであるのと同様に、「玉」の輝きはどんなに覆い隠そうとしても、おのずから外に表れるとされる。このように、内に抱いた美しさがおのずから外に表出するものの喩えとして「玉」を取り上げる例は、『史記』亀策列伝にも、次のようにある。

今夫珠玉寶器、雖有所深藏、必見其光、必出其神明、其此之謂乎。故玉處於山而木潤、淵生珠而岸不枯者、潤澤之所加也。

［今、かの珠玉宝器、深く蔵する所有りと雖も、必ず其の光を見はし、必ず其の神明を出だす、其れ此れを之れ謂ふか。故に玉、山に処れば木も潤ひ、淵、珠を生ずれば岸も枯れざるは、潤沢の加ふる所なり。］

牧野氏が『墨子』の「金聲玉服」を「必ず外に光輝著はるると、金聲玉服の其の美を掩はんと欲するも得べからざるが如くなるを謂ふ」と解釈するのは、こうした「玉」に関する記述を踏まえたものと推測される。また、この『史記』の用例において特筆すべきは、「玉」は木を潤したり、岸を枯れさせず保ったりと、周りを感化するものとして描かれることである。その同様の表現は、他文献にも散見し、『荀子』勧学篇には、

昔者、瓠巴鼓瑟、而流魚出聽、伯牙鼓琴、而六馬仰秣。故聲無小而不聞、行無隱而不形。玉在山而草木潤、淵生珠而崖不枯。爲善積邪。安有不聞者乎。

［昔、瓠巴、瑟を鼓すれば、流魚も出でて聴き、百牙、琴を鼓すれば、六馬も仰秣す。故に声は小なるも聞こへざること無く、行ひは隠れたるも形はれざること無し。玉、山に在れば草木も潤ひ、淵、珠を生ずれば崖も枯れず。善を為して積まんや。安んぞ聞こへざるもの有らんや。］

とある。この他にも『大戴礼記』勧学篇、『淮南子』説山篇、『文子』上徳篇にも同様の表現が見える。「玉」は、

内に抱く美しさをおのずから発揮し、そのことによって他者を感化するものとして描かれる。『墨子』において「其志氣之見也、使人如己」ことの比喩として用いられる「玉」は、このような通常のいわゆる「玉」を指すと考えられる。

馬王堆『五行』《説》の記載に従う限り、「玉振」の「玉」を楽器の「磬」と見なすことはできない。句法が類似する「金聲玉色」(『論衡』)や「玉潤而金聲」(『後漢書』)、そして「金聲玉服」(『墨子』)の「玉」もまた、楽器の磬ではなく、通常のいわゆる「玉」であった。馬王堆『五行』《説》の記載と以上の用例を参考にするならば、「己れ為さずして美なる」ものであり、「己れ仁にして、人を以て仁にし、己れ義にして、人を以て義にす」ることの比喩となる「玉振」の「玉」は、「其の光を掩ふ能は」(『韓詩外伝』巻四)ず、「深く蔵する所有りと雖も、必ず其の光を見は」(『史記』)し、「山に在れば草木も潤」(『荀子』)う「玉」と見なすべきである。[三二]

「玉振」の「玉」が「磬」ではなく、文字どおりの「玉」であるならば、もはや音楽用語であることを前提にして、「振」を「収む」や「整える」と読み替える必要はない。[三三] むしろ「振」はそのまま「振るう」と読み、例えば、『管子』覇言篇に「威、振天下」とあり、同七臣七主篇に「振主、喜怒無度」［振主、喜怒に度無し］とある注に「動發威嚴、謂之振」［威厳を動発す、之れを振と謂ふ］とあり、『左伝』僖公五年に「均服振振」とある注に「振振、盛貌」とあるような「振」の意味を活かすべきであろう。もし、そうした「振」の意味と、前引の馬王堆『五行』第九章において「玉振」が「玉言」(「玉音」)と言い換えられることとを考え合わせるならば、馬王堆『五行』の「玉振」は、「玉」がみずからの美しさを音に託して「振」るうの意味であり、それは君子がみずからの威徳を振るって他者を感化することの比喩である、と解釈することができる。[三四]

以上の考察を踏まえ、馬王堆『五行』における「金聲而玉振之」という句の訓読及び口語訳を提示すれば次のとおり。

金聲にして、玉、之れを振るふ。

（金のように、（美しい）声を発し、玉のようにおのずから、（美しい音を）振るう。）

なお、「玉振之」の「之」について付言すれば、『孟子』の虚字を分類する倪志僩『論孟虚字集釈』（台湾商務印書館、一九八一年）は、「玉振之」と、「沛然下雨、則苗浡然興之矣」〔沛然と雨を下さば、則ち苗は浡然と之れを興す〕（梁恵王上篇）、「不知足之蹈之、手之舞之」〔足の之れを蹈み、手の之れを舞ふを知らず〕（離婁上篇）の三つの「之」をひとまとめに分類し、「語助詞」で「焉」と同じものと見なす。確かに「語助詞」と処理するのが無難であるが、この三者には、手足がおのずから舞い踏み、苗がおのずから興り、玉がおのずから振るう、というように、その動作が自然発生的な、おのずからのものであるという共通点を指摘することができる。そこで、ここでは試みに「おのずから」と訳出する。

五　『孟子』の「金聲而玉振之」——むすびにかえて

「金聲而玉振之」と同様の修辞法を用いたと考えられる「金聲玉色」「玉潤而金聲」「金聲玉服」等の言葉は、楽器の演奏の次第を意味するものではなく、人物の徳性を聴覚的美しさ（「金声」）と、視覚的美しさ（「玉色」「玉潤」「玉服」）の観点から賞賛し比喩する言葉であった。そして、馬王堆『五行』の「金聲玉振」もまた、楽器の演奏の次第を意味する言葉ではなく、端的にその人物の徳性を比喩する言葉であった。こうした用例に従い、『孟子』の「金聲玉振」を馬王堆『五行』と同様に解釈するならば、『孟子』における集大成者孔子とは、馬王堆『五行』の言葉で言うところの、「事とする有る」作為的な善行（「金聲」）のみならず、その上更に、中心のまごころに由来する「己れ為さずして美なる」無作為の徳行を実践することによって、「人を以て仁に」し、「人を以て義に」し、「仁は四海を覆ひ、義は天下を裹《つつ》む」ような感化力を身につけた者（「玉振之」）、と理解することができる。

他者を感化することに関しては、『孟子』尽心下篇に、次のような記載がある。

孟子曰、聖人、百世之師也。伯夷、柳下恵是也。故聞伯夷之風者、頑夫廉、懦夫有立志。聞柳下恵之風者、薄夫敦、鄙夫寛。奮乎百世之上、百世之下聞者莫不興起也。非聖人而能若是乎。而況於親炙之者乎。

［孟子曰はく、聖人は、百世の師なり。伯夷、柳下恵これなり。故に伯夷の風を聞く者は、頑夫は廉に、懦夫は志を立つること有り。柳下恵の風を聞く者は、薄夫は敦に、鄙夫は寛。百世の上に奮ひ、百世の下に聞く者は興起せざるなきなり。聖人に非ずして能くかくのごときか。而して況や之れに親炙する者をや。］

伯夷と柳下恵はともに「聖」人とされ、百世の上に威徳を振るい、現在の人のみならず、後世の人の心をも奮い興す者として描かれる。また、尽心下篇には、「充実するを、之れ美と謂ひ、充実して光輝有るを、之れ大と謂ひ、大にして之れを化するを、之れ聖と謂ふ」とあった。このように、『孟子』の「聖」は、単に漠然と優れた人物を表現する美辞であるに止まらず、百世の懸隔を乗り越えて他者を感化するという具体的な特殊性を含意することがある。[三五] したがって、「聖の時」である孔子も、そうした感化力が認められていたと考えられる。[三六] そして、馬王堆『五行』において感化力の条件とされる「己れ為さずして美なる」状態は、ここで感化力の条件とされる「充実する」状態や「光輝有る」状態に相当するであろう。

『孟子』の「金聲玉振」もまた、音楽用語であることを前提に「鐘を打ち鳴らして演奏を始め、玉（磬）を打ち鳴らして演奏を締め括る」と解釈するのではなく、「金のように、（美しい）声を発し、玉のようにおのずから、（美しい音を）振るう」と解釈すべきである。それは楽器の演奏の次第を意味する言葉ではなく、端的に「金」と

「玉」の性質に対する観念を援用して人物の徳性を比喩する言葉と見なすべきである。そのように解釈すれば、「古楽経」なるものを仮想する必要もなくなるであろうし、『孟子』の趙岐注及び『漢書』『後漢書』等の用例に対する注釈者達がじつのところ一言も楽器の演奏と明言していない事実とも符合するではないか。

なお、万章下篇の後半部分は、「金声」と「玉振之」のそれぞれを「条理」を始めることと、「条理」を終えることと説明し、更にはそれを「聖」と「智」とに当てはめる。そして、「聖」と「智」との関係を弓の喩えで説明するなど、馬王堆『五行』には直接記載が見られないものである。尻取り式に展開するその論述形式が示すように、議論の焦点もしだいに変化する。この後半部分については、既に再検討の試みもなされているので[三七]、今後はそれらの成果を検証することで、新たな解釈を模索する必要があろう。

(一)　金谷治『孟子』（中国古典選、朝日新聞社、一九五六年）、楊伯峻『孟子訳注』（中国古典名著訳注叢書、中華書局、一九六〇年）、内野熊一郎『孟子』（新釈漢文大系、明治書院、一九六七年）、小林勝人『孟子』（岩波書店、一九七二年）、宇野精一『孟子』（全釈漢文大系、集英社、一九七三年）等。

(二)　『朱子語類』（黎靖徳編『朱子語類』理学叢書、中華書局、一九九四年）巻五十八には、「金聲而玉振一章甚好。然某亦不見作樂時如何、亦只是想像說」［金声而玉振の一章は、甚だ好し。然れども某も亦た、作楽の時、如何なるかを見ず、亦た只だ是れ想像して説くのみ］とあり、じつのところ朱熹自身、みずからの解釈が実際の証拠に基づくものでないことを既にことわっている。

(三)　『朱子語類』巻九十二には、「時擧因云、金聲玉振、是樂之始終。不知只是首尾用之、還中間亦用耶」［時挙、因りて云ふ、金声玉振は、是れ楽の始終。只だ是れ、首尾に之れを用ふるのみか、還《は》た中間にも亦た用ふるかを知らず］とあり、「鐘」と「磬」の演奏における役割に対し、当時既に疑問を抱く者のあったことが窺われる。

(四)　中井履軒の生卒年については、加地伸行他著『中井竹山・中井履軒』（叢書・日本の思想家、明徳出版社、一九八〇年）参照。

(五)　「柷敔」については、『白虎通』礼楽篇に「柷敔者終始之聲、萬物之所生也。……柷、始也。敔、終也」［柷敔とは終始の声、万物の生ずる所なり。……柷は、始めなり。敔は、終はりなり」とある。

（六）中井履軒『孟子逢原』（関儀一郎編『日本名家四書註釈全書』孟子部弐、東洋図書刊行会、一九二五年所収）。

（七）訓読は吉川忠夫『後漢書』（第七冊、列伝五、岩波書店、二〇〇四年）を参考にした。

（八）また、『文選』巻五十八碑文上、王仲宝「褚淵碑文一首」にも、「仁經義緯、敦穆於閨庭、金聲玉振、寥亮於區宇」［仁経義緯、閨庭に敦穆たり、金声玉振、区宇に寥亮たり］とあるが、その李善注には、「鄭、禮記注曰、振猶動也」とある。

（九）『国語』周語下には、「金石以動之」［金石以て之れを動かす］とあるが、その韋昭注には、「鍾磬、所以發動五聲也」［鍾磬は、五声を発動する所以なり］とある。「石」が「磬」であることを示すのみならず、その演奏における役割については、朱熹や履軒の説とも異なる見解を示す。なお、『朱子語類』巻九十二には、「時擧云、所謂玉振者、只是石耶、還眞用玉」［時挙云ふ、所謂、玉振なる者は、只だ是れ石なるのみか、還《は》た真に玉を用ふるか］とあり、「玉」を「磬」と解釈することに対しても、当時既に疑問を抱く者のあったことが窺われる。

（一〇）馬王堆『五行』の出土状況については、暁菡「長沙馬王堆漢墓帛書概述」（『文物』一九七四年、第四期）、池田『帛書五行篇』等参照。

（一一）浅野裕一「帛書五行篇の思想史的位置」（『島根大学教育学部紀要』第十九巻、一九八三年、後、同『黄老道の成立と展開』創文社、一九九二年所収）、池田『帛書五行篇』第二部訳注編、龐樸『竹帛《五行》篇校注及研究』（万巻楼、二〇〇〇年）「竹帛《五行》篇校注」、魏啓鵬『簡帛《五行》箋証』（中華書局、二〇〇五年）「馬王堆帛書《徳行》校釈」、饒宗頤「従郭店楚簡談古代楽教」（陳鼓応主編『道家文化研究』第十八輯、三聯書店、二〇〇〇年、後、沈建華編『饒宗頤 新出土文献論証』上海古籍出版社、二〇〇五年所収）等。ただ、張顕成「〝集大成〟与〝金声而玉振之〟訓釈補正——帛書研究札記」（『古籍整理研究学刊』一九九六年、第二期）、同『簡帛文献学通論』（中華書局、二〇〇四年）第五章第四節「語言学研究価値」は、「金聲玉振」について、『五行』と『孟子』との比較を行う。しかしながら、一文の意味については、従来どおり音楽用語として解釈している。

（一二）劉信芳『簡帛五行解詁』（芸文印書館、二〇〇〇年）「「金声玉振之」及其相関問題」は、『孟子』の伝統的解釈を馬王堆『五行』に当てはめる従来の手法を批判し、馬王堆『五行』の「金聲玉振」に対して、独自の解釈を提示している。しかしながら、『孟子』の解釈については、保留している。

（一三）詳しくは、本書第一章参照。

(一四)　以下、馬王堆『五行』のテキストは、国家文物局古文献研究室『馬王堆帛書〔壹〕』(文物出版社、一九八〇年)を底本とし、釈文・分章は池田『帛書五行篇』に従う。訓読は独自に改めた箇所もある。引用文中、異体字・仮借字・省字を通行字に改める場合は(　)内に示し、欠字部分を推測により補う場合は〔　〕内に示す。原文の誤字を想定し、推測により修正する場合は〈　〉内に示す。

(一五)　郭店『五行』は「音」に作る。

(一六)　下の「之」は、おそらく衍字であろう。

(一七)　「可以剛柔多鉿(合)爲」の一句は、或いは脱字があるのかもしれない。脱字があるものと仮定すれば、「可以剛柔多〔少〕、鉿(合)爲」「剛柔多〔少〕を以て、鉿(合)して為す可し」と「少」字を補う案も考えられるが、今はそのまま池田『帛書五行篇』に従う。「鉿」の意味は、『馬王堆帛書〔壹〕』(前掲)注四一が『説文通訓定声』に「配偶之義爲佮、聚會之義爲檜、和協之義爲詥」というのを引き、「鉿の本義は、或いは合金」「融洽の義」とするのがよいであろう。

(一八)　「事とする」については、この他『荀子』性悪篇に、「不可學、不可事、而在人者、謂之性。可學而能、可事而成之在人者、謂之僞」「学ぶべからず、事とすべからずして、人に在る者は、これを性と謂ふ。学で能くすべく、事として成るべきものの人に在る者は、之れを偽と謂ふ」とある。

(一九)　池田『帛書五行篇』第一部第二章第三節「馬王堆漢墓帛書五行篇の成書年代とその作者」は、「善」についての記述を「有事」性即ち「有為性」を述べるもの、「聖」についての記述を「弗為」性即ち「無為性」を述べるものとする。

(二〇)　龐樸前掲書「竹帛《五行》篇校注」注⑧は『孟子』尽心下篇に「人能充無欲害人之心、而仁不可勝用也」「人、能く人を害せんと欲する無きの心を充たさば、仁は勝げて用ふ可からざるなり」とあるのを根拠に、「尤」を「欲」と読む。魅力的な説ではあるが、両字の通仮事例が示されていないので、今は採らない。ただ、文意に関する龐樸氏の指摘は妥当であろうし、『馬王堆帛書〔壹〕』(前掲)注七〇が『孟子』万章上篇に「仁人の弟におけるや、怒りを蔵さず、怨みを宿さず、これを親愛するのみ」とあるのを引くのも、妥当であろう。

(二一)　池田『帛書五行篇』、龐樸前掲書、浅野前掲書参照。

(二二)　「声」は名詞として解釈してもよいが、ひとまず『白虎通』礼楽篇に「聲者、鳴也」とあるのを参考に「声を発する」と訳出する。なお、劉信芳前掲書は、「金」と「玉」とが併称されるとき、その「金」は単なる美辞であって、鐘に限定されないことを指摘し、「金声」を「鐘の声」とする解釈を斥ける。美辞であるという指摘は重要であるが、しかしながら、美辞であることと、それが鐘の声であることとは、決して矛盾しない。却って、鐘の声は美しい声を象徴する美辞と考えても、差し支えない。

(二三)『性情論』(馬承源主編『上海博物館蔵戦国楚竹書(一)』上海古籍出版社、二〇〇一年所収)第三号簡は「金石之又(有)聖(聲)、弗鉤(扣)不鳴」に作る。

(二四)この「金石之有聲、不叩不鳴」と同様の表現は他文献にも散見し、『荘子』天地篇には「故金石有聲、不考(叩)不鳴」とあり、『淮南子』詮言篇や『文子』上徳篇にもこれとほぼ同文が見える。もちろん、「金石」の比喩を用いる思想的な意図は、それぞれの文献によって異なるであろうが、ここでは、「金石」それ自体に対する基本観念を示す用例として、これらの文献を取り上げた。

(二五)なお、喩燕姣「従馬王堆漢墓出土簡帛文献看古人観念中的玉」(『湖南省博物館刊』二〇〇四年、第一期)は、通常のいわゆる「玉」が「才学が卓絶していることを賛美」する例として馬王堆『五行』の「金聲玉振」を挙げるが、一文の具体的解釈は示していない。

(二六)林巳奈夫「佩玉と綬――序説――」(『東方学報』第四十五冊、一九七三年)参照。一例として『礼記』聘義篇の一文を掲げれば次のとおり。

夫昔者君子比徳於玉焉。温潤而澤、仁也。縝密以栗、知也。廉而不劌、義也。垂之如隊、禮也。叩之其聲清越以長、其終詘然、樂也。瑕不揜瑜、瑜不揜瑕、忠也。孚尹旁達、信也。氣如白虹、天也。精神見於山川、地也。圭璋特達、徳也。天下莫不貴者、道也。詩云、言念君子、温其如玉。故君子貴之也。

[夫れ昔、君子は徳を玉に比す。温潤にして沢あるは、仁なり。縝密にして以て栗なるは、知なり。廉にして劌《やぶ》らざるは、義なり。之れを垂れて隊つるが如きは、礼なり。之れを叩きて其の声、清越にして以て長く、其の終はりは詘然たるは、楽なり。瑕は瑜を揜はず、瑜は瑕を揜はざるは、忠なり。孚尹、旁達なるは、信なり。気、白虹の如きは、天なり。精神、山川に見はるは、地なり。圭璋、特達するは、徳なり。天下、貴ばざるなきは、道なり。詩に云ふ、言《ここ》に君子を念ふ、温にして其れ玉の如し、と。故に君子は、之れを貴ぶなり。]

(二七)同じくこの聘義篇の記述を踏まえたと思われる『孟子』の趙岐の注にも、じつのところ楽器の演奏であるとは、一言も明記されていない。

(二八)『詩経』にはこの他にも、「玉」が優れた人格の比喩とされる用例が散見する。詳細は、金谷治「中と和」(『文化』第十五

巻第四号、一九五一年。後、『金谷治中国思想論集』中巻、平河出版社、一九九七年所収）参照。

（二九）なお、この注には、「禮記、孔子曰、君子比徳於玉焉。温潤而澤、仁也。孟子曰、孔子徳如金聲也」［礼記、孔子曰はく、君子、徳を玉に比す。温潤にして沢あるは、仁なり。孟子曰はく、孔子の徳は金声の如きなり］とある。

（三〇）原文は「不若金聲玉服」に作るが、「不」字は孫詒讓『墨子閒詁』（諸子集成四、中華書局、一九五四年）に従い衍字と見なし削去する。他に「不」字を衍字と見なすのは、野村岳陽『墨子・楊子』（支那哲学叢書刊行会、一九二五年）、牧野謙次郎『墨子国字解』下（漢籍国字解全書第十八巻、早稲田大学出版部、一九二七年）、高亨撰『墨経校詮』（世界書局、一九八一年）等である。

（三一）「也」「色」字は、屈守元『韓詩外伝箋疏』（巴蜀書社、一九九六年）に従い改める。

（三二）また、馬王堆『五行』第六章には、「不憂則王（玉）色、王（玉）色則刑（形）、刑（形）則仁」とあり、「聞君子道則王（玉）言〈音〉、王（玉）言〈音〉則〔刑（形）、刑（形）則〕聖」とあるが、後者の「玉音」の「玉」は前者の「玉色」の「玉」と同様、通常のいわゆる「玉」と考えられる。このことからしても、馬王堆『五行』における「玉」は一貫して通常のいわゆる「玉」と解釈すべきである。「玉振」のみを例外視する積極的根拠はない。

（三三）なお、『文選』序に、「若賢人之美辭、忠臣之抗直、謀夫之話、辨士之端、冰釋泉涌、金相玉振」［賢人の美辞、忠臣の抗直、謀夫の話、弁士の端の若きは、氷釈泉涌し、金相玉振す］とある呂延済の注に、「相、質也。振、發聲也」とあるのは、「玉」が音を発するの意味に解釈しているが、特に楽器の演奏を想定した様子はない。

（三四）なお、『晋書』景帝紀の次の用例は、馬王堆『五行』の「玉振」の意味に近い。

夫聖王、重始、正本、敬初、古人所慎也。明當大會、萬衆瞻穆穆之容、公卿聽玉振之音。詩云、示人不佻、是則是效。易曰、出其言善則千里之外應之。

［夫れ聖王、始めを重んじ、本を正し、初めを敬ふは、古人の慎む所なり。明当、大会し、万衆は穆穆の容を瞻、公卿は玉振の音を聴く。詩に云ふ、人に示し佻《うす》からず、是れ則り是れ効ふ、と。易に曰はく、其の言を出だし、善なれば則ち千里の外之れに応ず、と。］

「玉振の音」は「其の言を出だし、善なれば則ち千里の外之れに応ず」とあるように、遠い他者の応答を喚起する感化力を有するものとして捉えられる。これは、「其の里」に止まらず、遠く「四海」に及び「天下」を感化するという、馬王堆『五行』《説》の「玉振」に対する説明と合致する。

(三五)『孟子』の「聖」が感化力を含意することについては、佐藤一郎「古代中国思想史解釈の問題――聖人について――」(『叙説』第五号、一九五〇年)も次のように指摘する。

伯夷・柳下恵のどこが聖人として考えられた理由であるか……「風」という表現のあらわす、彼等の行為の卓越せる感化力がその根拠である。

また、吉永慎二郎「孟子における聖王と聖人――その墨家思想の受容――」(『秋田大学教育学部研究紀要』第四十八集、一九九五年、後、同『戦国思想史研究』朋友書店、二〇〇四年所収)や、近藤浩之「『孟子』万章下篇「其至爾力也、其中非爾力也」の再解釈」(『中国哲学』第三十四号、二〇〇六年)にも、「聖」の感化力に関する指摘がある。

(三六)なお、馬王堆『五行』は、集大成者(「五行」)とそうでない者(「四行」)との違いを「聖」の有無それ自体に求めるのに対し、『孟子』は「聖」の有無それ自体ではなく、「聖の清」「聖の任」「聖の和」「聖の時」と分けられる「聖」の種類の違いとして説明し、そして、「時」であることに集大成者(孔子)の特殊性を求める。これは、『孟子』と馬王堆『五行』との微妙な違いであるが、馬王堆『五行』にしても、その第三章には「五行、皆その内に形はれ、時にこれを行ふ、これを君子と謂ふ」とあるように、「五行」を体現した集大成者は、その行為が「時」という表現で記述される。要するに、『孟子』の場合は、孔子という具体的な人物を引き合いに出して「集大成」を論じる際に、その「時」であることに特別なこだわりを見せ、そこに他の三者との違いを求めるのであろう。

(三七)近藤前掲論文。

第六章　『孟子』に見える告子の仁内義外説

はじめに

『孟子』告子上篇には、「仁」「義」の「内」「外」を問題とする議論がある。その議論の中で、告子という人物は、「仁」は「内」であり、「義」は「外」である、とする「仁内義外説」を主張した。

告子曰、食色、性也。仁、内也、非外也。義、外也、非内也。孟子曰、何以謂仁内義外也。曰、彼長而我長之、非有長於我也。猶彼白而我白之、従其白於外也、故謂之外也。

［告子曰はく、食色は、性なり。仁は、内なり、外に非ざるなり。義は、外なり、内に非ざるなり。孟子曰はく、何を以て仁は内、義は外と謂ふや。曰はく、彼れ長にして、我れ之れを長とす、我れに長有るに非ざるなり。猶ほ彼れ白くして、我れ之れを白しとするは、其の白の、外に於けるに従ふがごときなり、故に之れを外と謂ふなり。］

議論の直接の争点は、告子の提起する仁内義外説であり、より正確に言えば、その義外説である。告子の義外説に対しては、これまでに様々な関心や問題設定に基づく研究が進められ、様々な表現による解釈が施されてきた。今、筆者なりにそれらを整理すると、次の二つの観点に基づく解釈を読みとることができる。まず一つは、次のようなもの。

①、告子の義外説は、「義」の実践が自律的であるのか他律的であるのかを問題とし、「義」の実践が他律的であり強制的であることを主張するもの、とする解釈。

例えば、内山俊彦『中国古代思想史における自然認識』（創文社、一九八七年）第二章「荀子以前――儒家」、附「告子」は、告子の義外説は、「義」を外在的すなわち他律的な規範とし、外在的条件への認識を前提とする」ものとし、大浜晧「孟子と告子の論争」（『名古屋大学文学部十周年記念論集』一九五九年）は、「愛や仁は内的自然的情感であり、義は外的作為的規制」であり、「長を長として敬することは、自己の長を長とする場合も内的な愛とは区別される。それはあくまでも外的強制の義である」とする。[一]

もう一つは、次のようなもの。

②、告子の義外説は、本性論との関連で、「義」に対する判断力や実践力が本性に内在するかしない（外在）かを問題とし、「義」の外在即ち後天性を主張するもの、とする解釈。

例えば、島森哲男「孟子の人間観における内なるものと外なるもの」（金谷治編『中国における人間性の探求』創文社、一九八三年所収）は、「仁が肉親への愛情というかたちで先天的に個々の人間の内部にそなわっているものだとすれば、義は後天的に自己の外部から獲得されるものだと言うべきである。これが告子の考え方であった」とし、森川重昭「孟子の「仁義の心」をめぐって」（『山下龍二教授退官記念中国学論集』研文社、一九九〇年所収）は、「仁と義という規範の根源は、人間に内在するのか、それとも人間の外に在るのかが議論されている」とする。[二]

従来の諸研究には、全体の傾向として、以上の二つの観点に基づく解釈を読みとることができる。ただし、このことは、これまでの諸研究が、それぞれこの二つの観点のどちらか一方のみを採用していることを意味するものではない。諸研究においてはほとんどの場合、この二つの観点は区別されることなく併用され、上記二つの説明の仕方が混在する状況にある。例えば、「外在的すなわち他律的な規範」(内山前掲書)という表現や、「外的作為的規制」(大浜前掲論文)という表現は、そうした状況を端的に示しているであろう[三]。更に言えば、本性に先天的に内在せず、後天的に獲得された規範は、即ち他律的であり強制的である、という具合に、二つの観点から説明された二つの思想は、直接的な因果関係にあるものとして捉えられる傾向さえ、読みとることができる[四]。

だが、こうした二つの観点を告子の義外説に対して想定し、それに基づく解釈を導き出すことは、果たして妥当なのだろうか。

従来の観点と解釈とが妥当であるならば、告子が義外説を説明する際に、「彼れ白くして、我れ之れを白しとす」等と提示した一連の比喩は、「義」の実践が他律的であることや、「義」の実践力が本性に内在しないこと(外在)を主張するものとしては、著しく不適切な比喩に見える。かつて、大浜前掲論文は、告子の主張を総括し、「表現の曖昧さと比喩の不適切さから孟子の反論をさそう欠点が見られる」と批評したが、こうした評価は、十分に共感できるものであろう。しかしながら、翻って考えてみると、「不適切」なのは、告子の比喩の方なのであろうか。「不適切」なのは、告子の比喩の方ではなく、比喩を「不適切」と評価する際に、我々解釈者が前提として抱く告子理解の方である可能性が、なお疑われるべきではないだろうか。告子の思想に対する一定の理解を前提とし、それを基準にして比喩の妥当性を否定的に評価するのでなく、比喩の方を改めて検討し、それが伝えようとしている思想を捉え直す作業こそが、なお必要ではないのか。

本章は、「義」の実践が自律的であるのか他律的であるのかといった観点(①)や、「義」に対する判断力や実践力が本性に内在するのかしないのか(外在か)といった観点(②)からは、告子の仁内義外説を説明しない。仁内義外説にはそうした観点と別に、独自の思想的意義が存することを想定し、「仁」と「義」とが「内」と「外」という概念で論じられるときの、その思想的意義の解明を目的とする。その際には、告子の性説に対する一般的な理解は一旦棚上げにする。その上で、告子の仁内義外説が表明された比喩表現の意味内容を再検討し、告子の仁内義外説を解釈する。(五) そして、もう一つには、『孟子』以外の戦国諸子文献において、「仁」と「義」とが「内」と「外」という概念で論じられるとき、そこでは何が問題とされているのか、問題意識の一般的状況を確認する。

先ずは、戦国諸子文献における仁内義外説に関する記載を確認しよう。

一　戦国諸子文献における仁内義外説

(一) 郭店楚簡『六徳』

これまで、戦国諸子文献において、『孟子』所載の仁内義外説との関連が確認されたのは、『管子』戒篇と『墨子』経説下篇の記載であったが、今日では、新たに発見された郭店楚簡にも、関連する記載が確認できる。郭店楚簡『六徳』には、次のようにある。(六)

𢚩(仁)、内也。宜(義)、外也。豊(禮)樂、共也。内、立父子夫也、外、立君臣婦也。……爲父𢇍(絶)君、不爲君𢇍(絶)父。(七) 爲昆弟𢇍(絶)妻(妻)、不爲妻(妻)𢇍(絶)昆弟。爲宗族𣏂(殺)𤨏(朋)習(友)、不爲𤨏(朋)習(友)𣏂(殺)宗族。

[仁は、内なり。義は、外なり。礼楽は、共なり。内は、父、子、夫を立つるなり、外は、君、臣、婦を立つるなり。

……父の為に君を絶つも、君の為に父を絶たず。昆弟の為に妻を絶つも、妻の為に昆弟を絶たず。宗族の為に朋友を殺《さい》するも、朋友の為に宗族を殺せず。」

ここに「仁は、内なり。義は、外なり。礼楽は、共なり」とあるが、この場合の「内」と「外」とは、次に見るように、「門内」即ち親族内と「門外」即ち親族外を指す。

人又(有)六悳(徳)、參(三)新(親)不𠟭(斷)[八]。門内之粳(治)、紉(仁)穽(弇)宜(義)、門外之粳(治)、宜(義)斬紉(仁)。𢚩(仁)頪(類)蔔(?)[九]而速、宜(義)頪(類)弁(?)[一〇]而㡭(絕)。𢚩(仁)蔔(?)而𢿢(更)、宜(義)強而柬(簡)。

［人に六徳有りて、三親、断ぜず。門内の治、仁は義を弇《おほ》ひ、門外の治、義は仁を斬《た》つ。仁類は、?にして速やか、義類は?にして、絶つ。仁は?にして更[一一]、義は強にして簡[一二]。］

ここに「門内の治、仁は義を弇《おほ》ひ、門外の治、義は仁を斬《た》つ」とあり、また、「内は父、子、夫を立つるなり、外は君、臣、婦を立つるなり」とあるように、社会生活上の人間関係を「内」(「門内」)と「外」(「門外」)とに二分し、それぞれの領域において通用する「仁」と「義」の優先順位が示される。

『六徳』において、「門内」と「門外」へ対処する規範として期待される「仁」と「義」は、具体的にどのような性質のものであるのか。それについては、「仁類」「義類」としてそれぞれ言及されるが、その説明部分に関しては文字の読解も困難で、未だ依るべき定説もなく、よくわからない。ただ、「門内の治」と「門外の治」の語は、郭店楚簡『六徳』だけでなく、伝世文献にも確認され[一三]、そこでは、「門内」と「門外」に適用される「仁」と「義」の性質について、『六徳』よりも具体的に説明される。例えば、『礼記』喪服四制篇には、次のようにある。

恩者仁也、理者義也、節者禮也、權者知也。仁義禮智、人道具矣。其恩厚者、其服重。故爲父斬衰三年、以恩制者也。門内之治、恩揜義。門外之治、義斷恩。資於事父以事君、而敬同、貴貴尊尊、義之大者也。故爲君亦斬衰三年、以義制者也。

［恩は仁なり、理は義なり、節は礼なり、権は知なり。仁義礼智、人道、具はる。其の恩、厚き者は、其の服、重し。故に父の為に斬衰すること三年なるは、恩を以て制する者なり。門内の治、恩は義を揜ふ。門外の治、義は恩を断ず。父に事ふるに資《と》りて以て君に事ふれば、而《すなは》ち敬同じ、貴を貴とし尊を尊とするは、義の大なる者なり。故に君の為にも亦た斬衰すること三年なるは、義を以て制する者なり。］

ここでは、「門内」と「門外」に適用される「仁」と「義」について、「恩は仁なり、理は義なり」と、それぞれ「恩」と「理」との関連で説明される。先ず「門内」に適用される「仁」は、恩的性質をもつとされる。しかも、「其の恩、厚き者は、其の服、重し」とあるように、その恩心には厚薄の増減が見込まれ、かつ、その恩心の増減に応じて、服喪の仕方にもまた軽重の変化が見込まれている。

一方、「門外」に適用される「義」は、理的性質をもつとされる。「義」には、恩心のような個人的感情による厚薄の増減は見込まれていない。むしろ「義」には、恩心の厚薄にかかわらず、「貴を貴とし尊を尊と」し、恩心を断ち切る客観的な道理としての役割が期待されている。『六徳』において、「仁は、内なり。義は、外なり」とされ、「仁」と「義」とがそれぞれ、「門内」と「門外」に対処する規範として期待されるのも、こうした『礼記』喪服四制篇に示された「仁」「義」の性質が前提とされているため、と考えられる。

（二）郭店楚簡『語叢一』

『六徳』と同じ郭店楚簡の一つである『語叢一』にも、告子の仁内義外説と関連する記載がある。『語叢一』には、次のようにある。

　悳(仁)生於人、我(義)生於道。或生於内、或生於外。

　[仁は人より生じ、義は道より生ず。或は内より生じ、或は外より生ず。]

『語叢一』の仁内義外説の特徴は、その「内」と「外」とが、「人」と「道」と明示されることにある。では、「仁」は「人」より生じるとされ、「義」は「道」から生じるとされるとき、「人」と「道」にはどのような意義が込められているのか。『語叢一』では、「仁」について、次のようにもある。

　或遜(由)中出、或遜(由)外入。遜(由)中出者、悳(仁)、忠、信。

　[或は中より出で、或は外より入る。中より出づる者は、仁、忠、信。]

　ここで「仁」は、「忠」や「信」と一括され、ともに「中より出づる者」とされる。「忠」と「信」の性質に着目するならば、それらはいずれも、「中心」のまごころに由来する誠実さにおいて共通することが注目される。この場合の「中」も、「人」と解釈することは可能かもしれないが、おそらく、ここに「中より出づる」とあるのは、「仁」「忠」「信」の発生的由来が「人」にあることを示すだけではない。それらがいずれも、「中心」の誠実さにおいて共通することを示すもの、と考えられる。[一四]

　一方の「義」は、その発生的由来は「人」ではなく「道」にあるとされた。これは、「義」の発生的由来を「道」とすることによって、「道」の規範としての絶対性に仮託する形で、「義」の規範としての客観性を確保しようとしているのであろう。[一五] 要するに、『語叢一』の仁内義外説は、先ず表現としては、「仁」が「人」に由来する規範であり、「義」が「道」に由来する規範であることを示し、その具体的な性質については、「仁」は人の「中心」のまごころに由来する誠実さを有し、「義」は「道」に由来する規範としての客観性を有することを示すもの、と推測される。『語叢一』の一文は、断片的な記述で、その意味を確定することは難しいとは言え、「仁」

ないであろう。

「義」の実践が自律的か他律的か、「仁」「義」に対する判断力と実践力とが本性に内在するかしない(「外在」)かという観点だけでは、「内」と「外」とが「人」と「道」と明示されることの意義を十分に説明することはできないであろう。

一見すると、「仁内義外」という表現は、「内」と「外」という概念が対称性を示唆する概念であることにより、「仁」の性質を対称的に反転させれば、機械的に「義」の性質も理解できるかのように見える。しかしながら、『語叢一』の仁内義外説については、「内」と「外」とが、「人」と「道」と明示されていることが重要である。その解釈に当たっては、一方の性質を機械的に反転させれば他方の性質になる、という単純に図式化した対称性を見込むべきではない。『語叢一』の仁内義外説は、「仁」については、誠実さという動機の性質に関する事柄を指摘しながらも、一方の「義」については、規範の客観性に関する事柄を指摘する、という具合に、そもそもにおいて、「仁」「義」双方に対して、誠実か誠実でないか、主観的か客観的かというような同一の観点は採用されていない。したがって、『語叢一』の仁内義外説に対しては、予めそこに同一の観点に基づく均整のとれた対称性(自律的と他律的、自発的と強制的、内在と外在等)を期待するのではなく、むしろ不均整さを予め想定し、それを特徴として積極的に認める視点が、必要なのではないだろうか。

(三)『管子』戒篇の仁中義外説

『管子』戒篇の次の一文もまた、従来、告子の仁内義外説との関連が指摘される。そこには次のようにある。

管仲對曰、滋味動靜、生之養也。好惡喜怒哀樂、生之變也。聰明當物、生之德也。是故聖人齊滋味而時動靜、御正六氣之變、禁止聲色之淫、邪行亡乎體、違言不存口。靜然定生、聖也。仁從中出、義從外作。仁故不以天下爲利、義故不以天下爲名。仁故不代王、義故七十而致政。是故聖人上德而下功、尊道而賤物。道德當身故不以物惑。

〔管仲対へて曰はく、滋味動静は、生の養なり。好悪喜怒哀楽は、生の変なり。聡明、物に当たるは、生の徳なり。是の故に聖人は滋味を斉へて動静を時にし、六気の変を御正し、声色の淫を禁止し、邪行は体に亡く、違言は口に存せず。静然として生を定むるは、聖なり。仁は中より出で、義は外より作こる。仁、故に天下を以て利と為さず、義、故に天下を以て名と為さず。仁、故に王を代へず、義、故に七十にして政を致す。是の故に聖人は徳を上とし功を下とし、道を尊びて物を賤しむ。道徳、身に当たりて、故に物を以て惑はず。〕

ここに「仁は中より出で、義は外より作こる」とある記載（以下、これを「仁中義外説」と呼ぶ）については、従来『孟子』所載の仁内義外説との類似が指摘されてきた。[一六] だが、じつのところ、この『管子』戒篇の仁中義外説は、その前後の文脈も含め、具体的にその意味を説明することは、容易ではない。

「天下を以て利と為さず」とは、天下を個人的な利益を充足するための資源と見なさないこと、「王を代へず」とは、天下の専有を目論んだ王位の簒奪や操作を企てないことを指すが、それが「仁は中より出づる」ことと、どのような関係にあるのか。そして、「天下を以て名と為さず」とは、天下を個人的な名誉欲を充足するための資源と見なさないこと、「七十にして政を致す」とは、自身が王位に在れば、王位の名声に未練を残すことなく、然るべき年齢になれば政権を委譲することを指すが、[一七] それが「義は外より作こる」ことと、どのような関係にあるのか。これらのことを具体的に説明することは、容易でないであろう。新出の郭店楚簡『唐虞之道』には、この『管子』戒篇と関連のある記載が確認できるが、[一八] それでもなお、「仁」と「義」に込められた問題意識は、郭店楚簡『唐虞之道』と『管子』戒篇とでは同じでなく、一律に解釈できそうにない。

先ず、「滋味を斉へて動静を時にし」、「道徳、身に当たりて、故に物を以て惑はず」とあるような養性の実践と自得の境地とが、「名」と「利」に言及されながら説明される例であれば、他文献にも確認することができる。

『韓詩外伝』巻一に、次のようにある。

傳曰、安命養性者不待積委而富、名號傳乎世者不待勢位而顯、徳義暢乎中而無外求也。信哉、賢者之不以天下爲名利者也。

〔伝に曰はく、命に安んじ性を養ふ者は、積委を待たずして富み、名号、世に伝はる者は、勢位を待たずして顕はれ、徳義、中に暢びて外に求むること無きなり。信なるかな、賢者の、天下を以て名利と為さざるや。〕

「命に安んじ性を養ふ」という養性の実践と、「徳義、中に暢びて外に求むること無き」という自得の境地とが、「天下を以て名利と為さざる」という「名利」の軽視に繋がるとされる。『管子』戒篇は、養性の実践及び自得の境地と、「名利」の軽視との間に、「仁」「義」の徳目を介在させる点で、この『韓詩外伝』と異なる。とは言え、『管子』戒篇の場合も、養性の実践と名利の軽視との繋がりを示すことが全体の主旨であるならば、そうした文脈の中にある仁中義外説に対し、「仁」「義」の実践が自律的か他律的か、或いは、「仁」「義」に対する判断力と実践力とが本性に内在するか外在するかという、告子の仁内義外説に対する従来の観点をそのまま持ち込むことは、適切ではないであろう。

『管子』戒篇には、「中より出で」「外より作こる」とあるが、これと似た表現は、『意林』巻一所収『尸子』に、「卑牆來盜。榮辱由中出、敬侮由外生」〔卑牆は盗を来たす。栄辱は中より出で、敬侮は外より生ず〕とある。先ず、低く粗末な垣根は、その垣根自体の性質によって、盗賊の侵入を招くように、人の栄辱の結果は、自身の身の処し方や道徳性が招くという意味で、「中より出で」るとされる。[一九] その一方で、「敬侮は外より生ず」るとあるのは、敬われるか侮られるかの結果は、必ずしも自身の道徳性との直接的な因果関係にあるわけではなく、最終的には、他人の評価に由来するという意味で、[二〇]「外より作こる」とされる。

こうした用例を参考にするならば、『管子』戒篇に「仁は中より出で、義は外より作こる」とあるのも、「仁」については、主体の行為に由来するものとして説明しながらも、一方の「義」については、自己の行為においてではなく、他者の評価において説明しようとする意図があるもの、と推測される。要するに、『管子』戒篇の仁中義外説は、養性の実践と自得の境地によって、「仁」が過不足なく自己の「中より出で」て実践され、また同時に、評価が「外より作こ」り与えられるような「義」が実践されることで、「名」「利」を軽視する実践が可能となる、という発想なのであろう。

従来、『孟子』所載の仁内義外説に対しては、自律と他律、本性に内在と外在といった具合に、「内」と「外」の対称性に応じて、その解釈にもきれいな対称性が盛り込まれていた。しかしながら、『孟子』所載の仁内義外説と、その表現が最も類似する用例の一つである『管子』戒篇の仁中義外説は、そのような単純な対称性によって解釈することは難しい。『尸子』の用例もそうであるが、『管子』戒篇の仁中義外説は、一見すると「中」と「外」という見かけから、その思想内容に対しても単純な対称性が期待される。だが、対称性を単純に図式化した訳語は、その思想内容を説明するものとしては、却って不適切なものとなるように思われる。

二　『孟子』告子上篇の仁内義外説

以上、戦国諸子文献における仁内義外説に関する記載を確認した。

郭店楚簡『六徳』の仁内義外説は、社会生活上の人間関係を「内」(「門内」)と「外」(「門外」)とに二分し、それぞれの領域において通用する規範の種類と、その優先順位とを示すものであった。その「仁」「義」の具体的性質については、『礼記』喪服四制篇を参考にし、「仁」は恩的性質をもち、「義」は理的性質をもつものと見なすことができた。

郭店楚簡『語叢一』の仁内義外説は、「仁」については、誠実さという動機の性質に関する事柄を指摘しながら、一方の「義」については、規範の客観性に関する事柄を指摘するものであった。

『管子』戒篇の仁中義外説は、先ずその「仁」に関する記載は、養性の実践と自得の境地の獲得とによって、「仁」が「中より出で」て実践され、「天下を以て利と為さず」、「王を代へ」ないという「利」の軽視が実現されることを示すもの、と解釈することができた。そして、「義」に関する記載は、その評価が「外より作こ」り与えられるほどの「義」が十分に実践されることで、「天下を以て名と為さず」、「七十にして政を致」する、という「名」の軽視が実現されることを示すもの、と解釈することができた。ただし、『管子』戒篇の仁中義外説は、その具体的な意味を確定することは容易でなく、なお検討の余地があろう。

これら諸文献の用例は、従来、告子の仁内義外説との関係が指摘されてきた。だが、これら諸文献の用例には、「義」の実践が自律的か他律的か、或いは、その判断力及び実践力が本性に内在するかしない(「外在」)かを直接の問題とするものは、見あたらない。それぞれの用例は、確かに表現上は告子の仁内義外説に似るけれども、それらが「仁」と「義」とを「内」(「中」)と「外」という概念で論じることの思想的意義は、それぞれ個別に把握されるべきである。告子の仁内義外説に対する従来の解釈を一律に当てはめるべきではない。

(二) 告子の義外説における「白」と「長」の比喩

以上の考察を踏まえ、以下には、『孟子』所載の仁内義外説について、順を追って検討を加える。再度その冒頭部分の訓読文のみを掲げれば、次のとおり。

告子曰はく、食色は、性なり。仁は、内なり、外に非ざるなり。義は、外なり、内に非ざるなり。孟子曰はく、何を以て仁は内、義は外と謂ふや。曰はく、彼れ長にして、我れ之れを長とす、我れに長有るに非ざるなり。猶ほ彼れ白くして、我れ之れを白しとするは、其の白の、外に於けるに従ふがごときなり、故に之れを外と謂ふなり。

論争の焦点が「義」についてであることについては、異論はあるまい。例えば、島森前掲論文は、「論争の焦点は、年長者を敬うことを具体的内容とする義について」とする。しかしながら、「敬うことを具体的内容とする」という説明の仕方は、孟子の「義」に対しては妥当であったとしても、同じように、告子の義外説における「義」に対しても、妥当と言えるのであろうか。「義」に関する告子の説明には、「彼れ長にして、我れ之れを長とす」とあるのみで、そこに「敬」の文字は使われていない。

これまで、ほとんどの研究は特に注意を払わないが[二]、厳密に言えば、「彼れ長にして、我れ之れを長とす」ることと、「年長者を敬うこと」とは同じではあるまい。おそらく、この対話における告子にとっての「義」とは、あくまで「長を長とする」ことに止まるものであって、「長」に対して直ちにこれを「敬う」ことを意味しない[三]。なぜならば、ここで告子が提示する比喩に着目しても、同じように、白い物を「白し」と判断するのは、その「白さ」に対し、直ちにそれを美しいとか醜いとかの美的判断を下すことを意味しないし、ましてや、その「白さ」に対して善い悪いの道徳的判断を下したり、それを「敬う」といった道徳的な対応をとることを意味しないと考えられるからである。告子がここで「其の白の、外に於けるに従ふ」であるとか、「彼れ長にして、我れ之れを長とす」と、その「彼」や「外」のあり方を再三強調するのは、先ず一つに、対象に具わる「長さ」や「白さ」といった「外に於ける」属性を想定し、それと同様なものとして「義」の性質を把握するためと考えられる。

そして、「白さ」に関する比喩を持ち出すのは、色に対する認識作用には、主体の側の道徳的な判断と対応とが必ずしも含まれないことに着目してのことと考えられる(三)。

一方の孟子は、そのようには「義」を把握しない。『孟子』尽心上篇に「敬長、義也」［長を敬ふは、義なり］とあるように、「長を長とする」ことは、同時にこれを敬うことであり、同離婁上篇に「義之實、從兄是也」［義の実は、兄に従ふ是れなり］とあるように、主体は積極的にみずからの道徳的判断に従い、道徳的な対応をとる(従う)ことを意味する。孟子にとっては、それこそが「義」なのである。そうした基本的な考え方は、次に続く孟子の反論にも反映される。

曰、異。於白馬之白也、無以異於白人之白也。不識長馬之長也、無以異於長人之長歟。且謂長者義乎、長之者義乎。

［曰はく、異なれり。馬の白きを白しとするに於けるや、以て人の白きを白しとするに異なること無きなり。識らず、馬の長を長とするや、以て人の長を長とするに異なること無きか。且つ謂《おも》へ、長なる者、義なるか、之れを長とする者、義なるか。］

孟子にとって、「長を長とする」ことは、年長者に対し、その年数の長さに対する事実判断を下すことのみならず、それに基づいた道徳的な価値の序列化と然るべき道徳的対応をとること(「敬」)を意味する。「馬の白さ」と「人の白さ」とでは、「白さ」に関しては道徳的な価値に差はないけれども、「馬の長」と「人の長」とでは、当然その「長さ」に伴う道徳的な価値に差があると考えるのである。「馬の長」を「長とする」ことと、「人の長」を「長とする」ことが同じであってはならないとは、そのように、「長とする」ことに、単なる年数の長さに対する事実判断のみならず、それに基づいた道徳的な価値の序列化と然るべき道徳的対応とを含ませているからに他ならない。

孟子は最後に、「且つ謂へ、長なる者、義なるか、之れを長とする者、義なるか」と、「長なる」という対象の属性にかかわることと、「長とする」という主体の認定行為にかかわることとの違いを持ち出し、告子の主張はこの二つの観点を混同したものと糾弾する。

確かに、「内」「外」という概念の対称性に着目するならば、「長とする」という主体の認定行為の所在を「内」とし、その認定行為の対象となるものの所在を「外」とする『孟子』のような内外区分の方が、我々にとっても理解しやすいものと言えるかもしれない。そのような内外区分は、『孟子』に止まらず、他文献にも確認することができる。『墨子』経説下篇に次のようにある。

仁、愛也。義、利也。愛利、此也。所愛所利、彼也。愛利不相爲内外、所愛利亦不相爲外内。其爲仁内也、義外也、擧愛與所利也、是狂擧也。若左目出右目入。

［仁は、愛なり。義は、利なり。愛し利するは、此れなり。愛する所、利する所は、彼なり。愛利は相ひ内外と為らず、愛利する所もまた、相ひ外内と為らず。其の、仁は内、義は外と為すは、愛すると利する所とを挙ぐる、是れ狂挙なり。左目、出で、右目、入るが若し。］

『墨子』経説下篇は、「愛」し「利」する主体を「此」即ち「内」とし、その対象となる客体を「彼」即ち「外」とするもので、その内外区分によって仁内義外説を批判し、その誤謬を「狂挙」と表現する。この『墨子』経説下篇の記載は、前掲『管子』戒篇とならんで、従来『孟子』所載の仁内義外説との関連が指摘されてきた。[二四]だが、そもそもにおいて、「仁は、愛なり。義は、利なり」という「仁」「義」に対する定義の仕方が『孟子』に見える仁内義外説と異なるが、ここで直接の問題の所在として指摘される「狂挙」とは、もっぱら説明方式の妥当性に関する事柄であり、具体的にはその内外区分の用法についてである。ここで注目すべきは、判断する主体と判断される客体との別を「内」「外」と見なすその内外区分は、孟子が告子への反論の際に、「長なる者」と

「長とする者」との別として提示したその内外区分に近いことである。

『墨子』経説下篇の内外区分を基準とするならば、告子の説は「狂挙」であり、その内外区分は不均整で、きれいな対称性が確保されていない。だが、説明方式に対する『墨子』の批判は、仁義に対する自身の観念と、内外の用法とに関する自身の基準をもとに、一方的に相手に対して自身の意見を述べたものに過ぎない。相手の問題意識を積極的に汲み取り、その適切な表現を引き出すための有効な質問を提起することは、もとより意図されていない。それは、告子との論争にあたった孟子にも言えることである。

（二）「楚人の長」と「吾れの長」の比喩

以上のような反論を受けながらも、ともかく告子は、また別の角度から自身の仁内義外説を説明する。

曰、吾弟則愛之、秦人之弟則不愛也、是以我爲悦者也、故謂之内。長楚人之長、亦長吾之長、是以長爲悦者也、故謂之外也。

［曰はく、吾が弟は則ち之れを愛し、秦人の弟は則ち愛せざるなり、是れ我れを以て悦を為す者なり、故に之れを内と謂ふ。楚人の長を長とし、亦た吾れの長を長とする、是れ長を以て悦を為す者なり、故に之れを外と謂ふなり。］

一文は、前掲の「白さ」の比喩とならび、告子の義外説を知るための重要な資料である。

「吾が弟」はこれを「愛す」るが、「秦人の弟」はこれを「愛」さない。「愛」の対象は、自分にとって親しい者であって、愛するか愛さないかは、自分の個人的な親疎の基準に従って決められる。「我れを以て悦を為す者」とは、「我の私的な親疎の基準（「我」）を以て納得される（「悦を為す」）もの」[三五]、要するに、私次第で決まるもの、と理解すればよい。

これに対し、対象を「長とする」ことに関しては、それが「楚人の長」であれ「吾れの長」であれ、その「長さ」に関しては、私と対象との個人的な親疎は関係がない。それはあたかも、「白馬」や「白人」の「白さ」は、私と対象との親疎の差に応じて、その「白さ」の程度に差が生じることはなく、およそ誰にとっても、黒白を弁ずるがごとく同じく「白」であるのと同様である、という考え方である。「長」もまた、私と対象との親疎の差に応じて、その「長さ」に程度の差が生じることはなく、「吾れの」であろうが「楚人の」であろうが、それはおよそ誰にとっても、尺ではかるがごとく同じく「長」なのである。対象を「長とする」ことは、私の個人的な親疎の価値基準に従うこと（「我れを以て悦を為す者」）で成り立つのではなく、年数の「長」さに関する公的な尺度に従うことで成り立つ。「長を以て悦を為す者」とは、「（公的な）長という尺度（「長」）を以て納得される（「悦を為す」）もの」と理解することができる。(二六)

『孟子』尽心上篇には、「親親、仁也。敬長、義也」（親を親しむは、仁なり。長を敬ふは、義なり）とあるように、孟子は一貫して「親しむ」「敬ふ」という、いわば「此」（『墨子』）の領域で「仁」「義」を捉え、そして、『孟子』離婁上篇には、「人人親其親、長其長、而天下平」（人人、其の親を親とし、其の長を長とせば、天下は平らか）とあるように、「人人」の一人一人が、個別具体的な関係を取り結ぶ「其」の「親」に対し、我の個人的な親疎の価値基準に従いそれを「親しむ」こととして「仁」を把握する。おそらく、こうした孟子の「仁」の考え方と、「我れを以て悦を為す者」とする告子の「仁」の捉え方とは、「仁」を個人的な親疎の価値基準に従うものと捉える点で共通する。

孟子は「義」に関しても、同じように、「人人」の一人一人が個別具体的な関係を取り結ぶ「其」の「長」に対し、我の個人的な親疎の価値基準に従いそれを「長とする」こととして把握する。(二七)だが、このような把握の仕方は、告子にしてみれば、いずれも「我れを以て悦を為す者」であって、「義」に対しては妥当でない。おそらく、「義」に対する告子の問題意識は、『墨子』尚同中篇の次のような問題意識に近いのではないだろうか。

一人一義、十人十義、百人百義、其人數茲衆、其所謂義者亦茲衆。是以人是其義、而非人之義、故相交非也。

［一人なれば一義、十人なれば十義、百人なれば百義、其の人数、茲《ます》ます衆ければ、其の謂ふ所の義もまた茲《ます》ます衆し。是《こ》こを以て、人は其の義を是《ぜ》として、人の義を非《ひ》とす、故に相ひ交《こもご》も非とするなり。］

ここでは、「人は其の義を是として、人の義を非とす」とあるような、「義」の乱出状態が批判される。『墨子』の尚同論からすれば、「人人」が「其の長」を「長とする」ことでは決して、「天下」が「平らか」になる（『孟子』離婁上篇）ことはない。むしろそれは、「其の人数」と同じだけの「義」が乱出する悪因であり、誰もがその適用を願う客観的な「義」は、獲得できないと見なされるであろう。告子が「義」を「此」の領域で、「其」の個別的な基準において把握することを積極的に避けるのも、こうした問題意識に基づくためと、考えられる。[二八] なお、郭店楚簡『語叢一』が「義」を「道」との関連で把握するのも、同様の問題意識を共有するからであろう。

従来の解釈は、「義」の実践が他律的であり、「義」に対する判断力と実践力とが本性に外在することを主張するものとして、告子の義外説を解釈する。しかしながら、告子自身が提示する「白さ」と「楚人の長」の比喩からは、そうした解釈を直接導き出すことは困難である。「白さ」と「楚人の長」とは、いずれも私の個人的な親疎の価値基準に従うこと（「我れを以て悦を為す者」）で成り立つのではなく、およそ誰にとっても同じ「白さ」であり「長さ」であるという、私の価値基準や私と対象との個別的な関係性に左右されない、その黒白を弁ずるがごとき客観性に着目されたもの、と見なされるべきである。そうした比喩に込められた思想的一貫性を読みとるならば、「白さ」の比喩と「楚人の長」の比喩との関係もより具体的に把握できるであろうし[二九]、ましてや、比喩の方を不適切と評価する必要は全くない。

さて、告子は、自身の仁内義外説の内外区分について、以上のように説明するが、孟子はいっこうにその意味を汲み取ろうとはせず、次のように反論する。

曰、嗜秦人之炙、無以異於嗜吾炙。夫物則亦有然者也。然則嗜炙亦有外歟。

〔曰はく、秦人の炙を嗜むは、以て吾が炙を嗜むに異なること無きなり。夫れ物は則ち亦た然る者有るなり。然らば則ち炙を嗜むも亦た、外とする有るか。〕

秦人の炙り肉をうまいとするのは、身近な炙り肉をうまいとするのと何ら異ならない、という。これは告子の先の主張に、「秦人」と「吾」という親疎の差が持ち出されている点に着目し、先ずは、親疎の差にかかわらずに主体が同じ判断を下すものの存在を了承して見せる。だが、最終的には、「嗜む」という行為は「内」であり「外」とは言えない、と結論するもので、対象を認識する主体を「内」とし、認識される客体を「外」とする自身の内外観念を一方的に繰り返しているに過ぎない。（三〇）

孟子が繰り出す内外区分を含め、こうした一連の孟子の反論に対しては、従来「詭弁」と評価が下され、すこぶる評判が悪い。（三一）だが、孟子はその四端説をはじめ、たびたび「仁」と「義」に言及するけれども、その際にみずからが「内」と「外」という概念を持ち出すことはない。（三二）つまり、「仁」と「義」とを「内」と「外」という概念で論じることは、論争の提起者である告子にとってこそ意義のあることであって、孟子には必要のないことである。そうした必要性の低さが、孟子をして「詭弁」とも評価されるような対応をとらせた一因であると考えられる。（三三）

むすび

従来の解釈によれば、義外説に関する告子の論証の仕方もまた、決して評判のよいものではなかった。先述のとおり、大浜前掲論文は、告子の提示する比喩を「不適切」と評価していたし、[三四]伊東前掲書（本章注一六）は、告子の仁内義外説に関する論証の仕方を次のように批評している。

> 年長者を敬うのは、こちらの心に尊敬の念が具わっているからだ、とする孟子にも一理あるわけで、義の主体を無視して、その対象のみを取り出す告子の説が一面的であることはいうまでもない。

伊東氏が告子の論証を「義の主体を無視して、その対象のみを取り出」したものと指摘するのは、「之れを長とする」主体を「内」とし、その対象を「外」とする孟子の内外区分や、「愛し利するは、此れなり」とし、「愛する所、利する所」を「彼」とする『墨子』経説下篇の内外区分を共有したものと言える。だが、そこでは、「義の主体を無視して、その対象のみを取り出」すような「一面的」的な論が展開され、「狂挙」（『墨子』）的な内外区分が採用されていることについて、その思想的意義を積極的に汲み取ることは、そもそも企図されていない。それは従来の解釈全体に対しても言えることである。告子の「白さ」と「楚人の長」に関する比喩についても、これまでは単に、「外にある」ことの比喩としての意義しか認められず、「白さ」と「長さ」の性質的な類似が積極的に読みとられることはなかった。

端的に言えば、実践の自律性や本性への内在性といった観点は、「赤子入井」の比喩で説明される四端説や、『孟子』告子上篇に「仁義禮智、非由外鑠我也、我固有之也」［仁義礼智、外より我れを鑠するに非ざるなり、我れ固より之れを有するなり」とあるような、孟子の「仁」「義」に関する思想に対しては、違和感のない観点である。このことは却って、告子の義外説を「他律的」「強制的」、本性に「外在」と見なす解釈は、孟子の仁義の思想に対する解釈(「自律的」「内在」)をそのまま図式的に反転させたもの(「他律的」「外在」)である可能性を疑わせる。そうした解釈上の手続きには、この仁義内外論が対立的な論争体であるために、告子の「義」に対する考え方は、孟子の「義」に対する考え方をそのまま反転させたもの、と見なす前提があるように思われる。しかしながら、この仁義内外論争が対話形式でありながらも、双方の議論がかみ合わないことはこれまでにも指摘され[三五]、かつ、その解釈に際しては、『孟子』寄りの解釈に偏る危険性も、早くから指摘されていた[三六]。従来の解釈ではなお、そうした指摘が十分に活かされず、依然として孟子本意の観点が適用され続け、その上更に、孟子の思想に対する解釈を図式的に反転させたものとして、告子の思想が解釈され続けたのではあるまいか。告子の提示する比喩に即して、改めて告子の義外説の思想的意義を把握する、という視点がなかなか確保されなかったのには、こうした背景があるものと推測される。

告子自身が提示する比喩と説明とによるならば、その仁内義外説の主題は、「仁」は「我の私的な親疎の基準(「我」)」に従い決まるものであり、「義」は「白さ」や「長さ」と同様、客観的で公的な尺度に従い決まることを示すことにある。したがって、告子の義外説は、「門外」に適用される「義」の客観性を強調する郭店楚簡『六徳』や、「道」の客観性に仮託する形で、「義」の規範としての客観性を証明しようとする郭店楚簡『語叢一』と、ほぼ同様の問題意識に基づくと言える。そして、その不均整な狂挙的説明方式(内外区分)は、諸文献の仁内義外説に共通する特徴と見なすことができる[三七]。ただし、重要なことは、告子の義外説は、「理」(『礼記』喪服四制篇)や「道」(『語叢一』)、或いは『墨子』天志中篇に、「義は果たして天より出づ」とある「天」といった、それ自体、既に一定の客観性が保証された権威的概念を持ち出さないことである。告子の義外説は、日常的な色に対する認識作用と、年長者に対する道徳的行為とを比喩として用い、更にはその独自の「狂挙」的な説明方式(内外区分)によって、「義」の規範としての客観性を論証するところに、その思想的意義があると言える。

従来、告子の仁内義外説は、その性説との「矛盾」が指摘される。(三八) だが、もし告子の仁内義外説が本章の提示するような問題意識と思想とをもつものであるならば、それでもなおそれは、その性説と「矛盾」するのであろうか。本章は、告子の性説の一環としての仁内義外説ではなく、「仁」と「義」とが「内」と「外」という概念で論じられること自体の意義を、告子の比喩に即して把握した。今後は、告子がかかる仁内義外説を主張するとき、そこで「性」に言及することにどのような意義があるのか、つまり、従来の観点とは逆に、仁内義外説の一環として性説を把握するという観点から、その性説について検討を加える必要があろう。

(一) この他、栗田直躬『中国上代思想の研究』(岩波書店、一九四九年)「性説の一考察」は、告子の義外説とは、「義」が「自分の心意の如何に拘わらず従わねばならぬ世間的な規律」であり、「外的強制の意味を含む」ものであることを主張するものとし、吉永慎二郎「孟子の義内説」(『待兼山論叢』第二十一号哲学編、一九八七年、後、同『戦国思想史研究』朋友書店、二〇〇四年、第五部第七章)は、「客体の白いというありようによって主体の白いという認識がうまれる。同じように人が年長であるというありようによってその人を敬するという行為が規定される。……その行為そのものは性の自然なる発展としてのものではなく、あくまでも外から規制されたものである」とし、沢田多喜男「『孟子』より見た先秦思想史研究――墨家・告子・有若――」(『千葉大学人文研究』第二十三号、一九九四年)は、「告子は、〈仁〉は内心より生ずるものだが、〈義〉はそうではなく外に在るものに規定される、と主張」「〈義〉は内心の自主的発動ではなく、他律的なものだと考える」とし、島森哲男「「人に忍びざる心」の倫理学――孟子の人間観の特質――」(『宮城教育大学国語国文』巻二十一、一九九三年)は、「告子は……『仁』を自然な人間の心に基づく内発的なものであるとしている。これは孟子の考えと全く同じである。ところが、「義」に関しては、「楚人の長を長とし、亦た吾が長を長とす」るのが「義」だとして、肉親愛とは別種の、客観的で公平な原理だと考えている。……「義」は客観的な情況から要請される、自然な気持ちとは別の、ある普遍性をそなえた原理である」とし、楢崎洋一郎「戦国期における名家的思弁の一側面について——孟子・告子論争と『公孫龍子』指物論篇を中心として——」（『中国哲学論集』第二十四号、一九九八年）は、「ある物体が「白」いという認識や、ある人物が年長であるという認識は、一方的に「外」から規定されるものであり、それに対する自己（内）の側からの能動的な参与の余地はない、ということになる」とし、溝口雄三他編『中国思想文化事典』（東京大学出版会、二〇〇一年）「義」は、「仁義を人間に内在するものとする孟子に対して、告子は仁内義外説を唱える。仁は内心の愛情・思いやりであるが、義は外界の存在によって規定されるものである。たとえば、「長を敬う」というときの長は相手側にあるもので、それを敬うのは社会的規範に従うことにほかならず、義は外在的なのである」とする。

(二)　この他、武内義雄「孟子」（『武内義雄全集』巻二、儒教篇、角川書店、一九七八年所収）は、告子の義外説は、「義が人性以外のもの」であり、「白き感覚は外より得たるもので、我にあらざるごとしというにある」とし、森三樹三郎『上古より漢代に至る性命観の展開——人性論と運命観の歴史——』（創文社、一九八七年）は、「（告子の考える「義」とは）自我を外部から制約するものであり、断じて自然の性に具わったものではない」とし、久保田知敏「『公孫龍子』名実論の分析——『墨子』経・経説と『公孫龍子』名実論篇」（『聖心女子大学論叢』第八十二集、一九九六年）は、「「仁」は人間に内在的なもので、「義」は外在的なものとする告子の主張に、孟子が反駁し、どちらも人間の内面性に基づく本来的なものであると主張する」とし、池沢優『「孝」思想の宗教学的研究』（東京大学出版会、二〇〇二年）第三章「戦国時代における祖先崇拝と「孝」の思想」は、「［告子の義外説とは］客観的な（或いは社会的な）正しさが外在するという視点」「正しさに関する外在的な規則が内的な感情の対象を規定する」とし、加賀栄治『孟子』（清水書院、一九八〇年）は、「仁は性の内に含まれるが、義は性の外にあるものという説」とし、楢崎前掲論文は、「この論争は、「義」が人間の「内」に属するものか、それとも「外」に属するものか、という問題をめぐるもの」とし、吉永前掲論文は、「告子の「内」とは先天的・血縁的で主体に所与としてあるもの、「外」とは後天的・非血縁的・社会的で客体に決定要因の在るもの」とする。

(三)　ただし、例外的に島森「孟子の人間観における内なるものと外なるもの」（前掲）は、仁内義外論争について、「個々人の具体的な実践が、いかにして、どこを起点として発動するのか、という問題」と「義がそもそも個人にとって先天的なものか後天的なものかをめぐる意見の対立」とし、みずからが読みとった論争の観点を自覚的に明示している。だが、その観点の妥当性については、検討の余地があると思う。

(四)　上掲の諸研究の他、重沢俊郎『中国哲学史研究』（法律文化社、一九六四年）第二部「告子の人間論」の次のような説明は、二つの観点から説明された二つの思想が、直接的な因果関係にあるものとして捉えられる端的な例である。

長者を尊敬すべしという道徳法を他律的規範と考えれば、義の成立に必要な条件は客観的対象に在ることになるが、自律的規範と認めれば主観に内在することになる。告子は前者を取るが故に義は外であり、孟子は後者を取るが故に、義も仁と同じく内でなければならない。

ここでは「他律的規範」であることと「客観的対象に在る」こと、「自律的規範」であることと「主観に内在」であることが因果関係的に捉えられている。だが、こうした発想が告子の思想を理解するものとして果たして妥当であるのかは、決して自明のことではあるまい。

(五) なお、告子の仁内義外説を対象とした研究に、末永高康「仁内義外考——郭店楚簡と孟子の仁義説」(『鹿児島大学教育学部研究紀要人文・社会科学編』第五十四巻、二〇〇三年)があるが、仁内義外説の解釈自体については、ほぼ従前の解釈を踏襲し、告子の仁内義外説と、出土資料に見える記載との思想史的先後関係を明らかにすることを主な目的としているようである。

(六) 以下、郭店楚簡の引用は、荊門博物館『郭店楚墓竹簡』(文物出版社、一九九八年)を底本とし、釈文は原則これに従う。

(七) 「昆」字の隷定ならびに釈文は、張光裕主編『郭店楚簡研究 第一巻 文字編』(芸文印書館、一九九九年)に従う。

(八) 「卽」字の釈文は、李零『郭店楚簡校読記(増訂本)』(北京大学出版社、二〇〇二年)に従う。

(九) 「蒯」字は待考。

(一〇) 「弁」字は待考。

(一一) 「更」の意味は待考。

(一二) 郭店『五行』には、「簡は、義の方なり。匿は、仁の方なり」とある。本書第三章注三参照。

(一三) 『大戴礼記』本命篇、『礼記』喪服四制篇、『孔子家語』本命解篇にも、同様の記載がある。これについては、末永前掲論文参照。

(一四) 『韓非子』解老篇には、「仁者、謂其中心欣然愛人也」[仁は、其の中心、欣然と人を愛するを謂ふなり]とある。なお、『語叢一』において、「外より入る」ものに関する記載は、竹簡が散逸したためか、確認できない。

(一五) なお、「生」や「出」といった語を用い、発生的由来を問題とする表現方法によって、ある規範の客観性や公平性を示そうとするものとしては、『韓非子』大体篇に、「禍福生乎道法、而不出乎愛惡」[禍福は、道法より生じて、愛悪より出でず]とある。ここにいわゆる「禍福」は、具体的には賞罰を指すが、それは他人(君主)の私的な「好悪」の感情によって決定されるのではなく、客観的で公平な「道法」によって決定されることをいう。

（二六）　例えば、武内前掲論文は、「『管子』の戒篇に「仁は中より出で義は外より作る」という一説があってその説が告子と同じ」とし、重沢前掲書第二部注5は、「告子に近い思想」とし、伊東倫厚『孟子――その行動と思想――』（評論社、一九七三年）は、「仁内義外説を援引した文章」とする。

（二七）　『礼記』王制篇に「七十致政」［七十にして政を致す］とあり、その鄭玄注に、「還君事也」［君事を還すなり］とある。

（二八）　李承律『郭店楚簡儒教の研究――儒系三篇を中心にして――』（汲古書院、二〇〇七年）第一部第四章「『唐虞之道』の社会的利思想」参照。なお、郭店楚簡『唐虞之道』には、次のようにある（紙幅の都合上、引用文の釈文は、李前掲書に従い、ここではその通行字に改めたものを掲げる）。

禪而不傳、聖之盛也。利天下而弗利也、仁之至也。

［禅りて伝へざるは、聖の盛んなり。天下を利して利とせざるや、仁の至りなり。］（第一号簡～第二号簡）

「禅りて伝へざる」という禅譲が「聖の盛」とされ、「天下を利して利とせざる」という自利の否定に基づく利他行為が「仁の至り」とされる。また、

堯舜之行、愛親尊賢……孝、仁之冕也。禪、義之至也。

［堯舜の行ひは、親を愛し、賢を尊ぶ……孝は、仁の冕なり。禅は、義の至りなり。］（第六号簡～第八号簡）

とあり、禅譲については「義の至り」とされる。「仁」は「親を愛す」ることとされるが、それは排他的な血族意識に基づく利益の専有を意味しない。むしろ逆に、「天下を利して利とせざる」という広汎な利他行為との併存が可能となるような「愛親」こそを、「仁の至り」と見なす発想である。また、「義」については、郭店楚簡『唐虞之道』には、「七十而致政」［七十にして政を致す］（第二十六号簡）という記述も見える。

（二九）　『孟子』公孫丑上篇に、「仁則榮、不仁則辱。今惡辱而居不仁、是猶惡溼而居下也」［仁なれば則ち栄へ、不仁なれば則ち辱めらる。今、辱めらるるを悪みて不仁に居るは、是れ猶ほ溼を悪みて下に居るがごときなり］とある。

（三〇）　これと同様の思想は、『呂氏春秋』孝行覧必己篇に、「君子之自行也、敬人而不必見敬、愛人而不必見愛。敬愛人者、己也。見敬愛者、人也」［君子のみずから行ふや、人を敬ふも必ずしも敬はれず、人を愛するも必ずしも愛せられず。人を敬ひ愛するは、己なり。敬はれ愛せらるるは、人なり］とある。

（三一）　例えば、大浜前掲論文は、「長者を長者として尊敬するという「義」とするなど、多くは告子の義外説における「義」に

関しても、「尊敬する」という意味が読み込まれる。

(二二) 森川前掲論文は、「孟子は義の内容を「長を敬す」ることと解し、告子は「長を長とす」ることと解している」として、孟子と告子との説明の仕方に注意を払い、「「長を長とす」ることは、単に客観的な年数の多寡を認識」することとし、「これに対して、「長を敬す」ることは、相手を敬うという主観的・心的な要素が含まれる」として、孟子と告子との「義」に対する思想の違いを「敬う」ことの有無において説明している。

(二三) 大浜前掲論文は、告子の「長さ」と「白さ」の比喩について、次のように述べる。

告子の立場からすれば、〈彼〉が年長者であることも〈彼〉が白であることも同じく〈外〉にあるものとしてことなるところはないであろう。しかし道義的なものと知覚的なものを同一視したところに孟子の反論をさそう原因があった。

先ず、「楚人の長」と「白さ」の比喩は、単に「〈外〉にあるものとしてことなるところはない」ことの比喩ではない。これについては本論に述べたとおりである。そして、告子の比喩は、むしろ「道義的なもの」を「知覚的なもの」に重ね合わせ、「同一視」しようとすることにこそ、その思想的意義が認められるべきである。

(二四) 裏善一郎「告子考」(『漢文学会会報』第十四号、一九五三年)、伊東前掲書、宇野精一『孟子』(全釈漢文大系、集英社、一九七三年)等。

(二五) 「悦を為す」とは、「悦ぶ」というよりは、「満足する」「納得する」といった意味に解釈するのが相応しいのではないだろうか。『爾雅』釈詁に、「悦、服なり」とある。『孟子』滕文公上篇に「弔者、大悦」とある「悦」も、満足、納得と理解するのがよいであろう。

(二六) なお、告子の仁内義外説における「仁」と「義」については、決して「悦を為す」ことの違い、より具体的に言えば、「悦」の有無として説明してはならない。なぜならば、「悦を為す」という言葉自体は、「仁」と「義」の双方に共通するからである。これについては、近藤浩之「中国古代における文法的説明による論証とその形式」(『中国哲学』第三十七号、二〇〇九年)七「『孟子』告子上篇「以長為悦者也」の解釈」及びその注九を参照されたい。

(二七) また、『孟子』梁恵王上篇には、次のようにある。

老吾老以及人之老、幼吾幼以及人之幼、天下可運於掌。詩云、刑于寡妻、至于兄弟、以御于家邦。言舉斯心加諸彼而已。故推恩足以保四海、不推恩無以保妻子。

[吾が老を老とし、以て人の老に及ぼし、吾が幼を幼とし、以て人の幼に及ぼせば、天下、掌に運らすべし。詩に云ふ、

寡妻に刑し、兄弟に至り、以て家邦を御《おさ》む、と。斯の心を挙げて諸れを彼れに加ふるを言ふのみ。故に恩を推せば以て四海を保んずるに足り、恩を推さざれば以て妻子を保んずること無し。」

ここでも、「仁」と「義」は、「吾が老」「吾が幼」といった、「吾」にとっての「老」「幼」に対する、その個別具体的な関係と、その具体的な「斯の心」を基本に把握される。

(三八)　孟子のように、人は誰もが「仁」「義」「礼」「智」に対する判断力と実践力とを具えもち、換言すれば、「仁」「義」「礼」「智」に対する判断力と実践力とを具えもつことが人間の条件である、と見なす性説をもつのであれば、このような疑義は生じないし、「義」の規範としての客観性及び公平性に関して、改めて特別な論証を必要としない。末永高康「儒家の利・墨家の利――『唐虞之道』の理解のために――」(『鹿児島大学教育学部研究紀要人文・社会科学編』第五十三巻、二〇〇一年)は、次のようにいう。

もし人々に共通な性が与えられていることを前提として、その性との関わりにおいて義を語るならば、同じく義の統一を語るにしても尚同論のような形にはならない。孟子の性説の場合が一番わかりやすいが、孟子のように性の発露による行為を正しいものとみなせば、義は性の内に繰り込まれてしまうから、そもそも義の統一をはかる必要がない。人は同じ性を持ち、同じ義を内にしているのである。

告子の比喩に即す限り、告子と孟子との違いも、この点に認められるべきであろう。つまり、告子の直接の問題意識は、孟子のように性説にうったえるのでなく、いかに「義の統一」を確保するかにあったのではないだろうか。

(三九)　従来、この「楚人の長」の比喩は、告子の「義」を他律的強制的と見なす解釈の拠り所とされてきた。例えば、沢田前掲論文は、次のようにいう。

彼が年長者であるから私は年長だと認めるが、年長ということが私にあるわけではない(〈長〉を動詞的に人に使う場合、尊敬するの意味が込められていて、後に見える動物に対するのとは違っているようだ)。それはあたかも対象が白いからこちらで白いとするが、その白さが外にあるのに因ったのとおなじである。そこで〈外〉というのだと。その意味で、〈義〉は内心の自主的発動ではなく、他律的なものだと考える。

告子の「義」に対し、「尊敬するの意味が込められてい」ると解釈することが不適切であることは、既に述べたとおりである。更に言えば、「白さ」と「楚人の長」とが「おなじ」であるのは、単に「外にあるのに因」るからではない。繰り返しになるが、それは、私の価値基準や私と対象との個別的な関係性に左右されない、その黒白を弁ずるがごとき客観性において、

「白さ」は「長さ」と「おなじ」なのである。

(三〇) こうした内外区分は、告子上篇に見える公都子と孟季子との間に交わされたもう一つの仁義内外論争においても、継承される。そこでは、「何を以て義は内と謂ふや」という告子側の孟季子の問いに対し、孟子側の公都子は、「吾が敬を行ふ、故に之れを内と謂ふなり」として、相変わらず「義」を主体の道徳的対応の仕方において把握し、また「飲食も亦た外に在るか」と論争を結び、飲食する主体の作用を「内」とし、飲食の対象となる「湯」「水」を「外」とする内外区分を固持する。ただし、公都子と孟季子との論争においては、「吾が敬を行ふ」とあるように、「義」には「長さ」に対する事実判断だけでなく、「敬う」という価値判断と道徳的対応が含意されているとする孟子の説がより鮮明になっていること、そして、「敬する所は此れに在り、長とする所は彼れに在り、果たして外に在り、内に由るに非ざるなり」と、告子側の孟季子が、そこではじめて、「敬する」という主体の道徳的行為と「長とする」という事実判断とを分けた議論の展開を模索していることは、新たな展開として注目される。

(三一) 例えば、栗田直躬『中国思想における自然と人間』(岩波書店、一九九六年)「譬喩と論理との問題」は、「ここに見られる論理は、……ただ如何に相手を駁するかの論弁の技巧のみで……弁者の詭弁の一例が現れているといえるのではなかろうか」とする。

(三二) 島森「孟子の人間観における内なるものと外なるもの」(前掲)は、孟子の「基本的な思考図式」を「人間やその周囲の世界のものごとを、すべて内なるものと外なるものという区分にしたがって捉えてゆく」こととする。だが、孟子の思想を我々がそのように図式化して解釈できることと、孟子みずからが「内」と「外」という概念を用いているかどうかということとは、別のことである。ときにいわゆる「義内説」と「義外説」との思想史的先後関係が論じられることがあるが、その際にも、この二つの違いは改めて注意する必要があろう。

(三三) なお、新出の郭店『五行』にも、仁内義外説と関連のある記載が確認できる。郭店『五行』では、「仁」と「義」はともに「中心」に由来し、「礼」は「外心」に由来するものとされる。本書第三章参照。

(三四) また、重沢前掲書は、「秦人の弟」と「吾が弟」に関する告子の論証について、「この論理の正否については、反対者側の紹介資料であることに伴う已むを得ない制約を控除しても、なお若干の問題が残ると思われる」とする。

(三五) 大浜前掲論文は、次のようにいう。

孟子の性の概念には告子と同一の面があるにもかかわらず、告子との論争のときは告子との同一面を切り離して議論している。……問いにもとづき問いに対して答えていない面が多い……それぞれの主張にのみ終始している。ただし今日では、この仁義内外論争は、単に我々の求める議論の形式とその整合性とが共有されていないだけ、と評価されるべきであろう。近藤前掲論文は、『墨子』小取篇に関する考察の一環として、仁義内外論争の文法構造を分析し、その独自の「文法的説明による論証」の存在を明らかにしながら、この論争独自の議論の形式と整合性のあり方を具体的に説明している。

(三六)　例えば、大浜前掲論文は、「解釈者の理解が両者に不公平である」とし、竹岡八雄「告子研究――楊朱告子と呂氏春秋の関係について――」(『研究紀要』第二十六集、三重大学学芸学部教育研究所、一九六二年)は、「その場限り、孟子の理論の通る立場に於いて解釈されて来た」とする。

(三七)　また、『韓非子』解老篇には、「仁」について、「仁者、謂其中心欣然愛人也」[仁は、其の中心、欣然と人を愛するを謂ふなり]とあり、「義」について、「義者、君臣上下之事、父子貴賤之差也」[義は、君臣上下の事、父子貴賤の差なり]、「親疎内外分也」[親疎内外の分なり]とある。これもまた、「仁」と「義」とを同一の観点による対称的関係としては捉えないものの例と言える。即ち、ここでは先ず、「仁」については、人が欣然とまごころから人を愛することとして、言わば、主体のはたらきかけにおいて「仁」の性質が把握される。一方の「義」については、君臣上下の「事」、父子貴賤の「差」、内外親疎の「分」とあるように、人がそれぞれに「事」とし、「差」とし、「分」とするような、主体のはたらきかけとしては「義」を把握していない。要するに、「義」に関しては、君臣の上下関係や、父子の貴賤関係、内外の親疎関係に具わる「事」一般、「差」一般のような属性として捉えられている。これに対し、「仁」は、「恩」一般、「愛」一般のような、対象に具わる属性ではない。「仁」はあくまで、各人が「恩心」や「愛」を抱き、それを実践することとして捉えられている。

(三八)　例えば、森前掲書は、「告子は、道徳性の内在ということを信じない」とした上で、「もし仁が善徳のうちに含まれるとすれば、性に善があることになり、自説と矛盾する」とし、また、三上誠治郎「告子の性無善無不善説について」(『大学紀要』第七輯、和洋女子大学、一九六二年)は、「仁義の内外を説くこと自体が全体的に告子の性の観念とは撞着する」とする。

第七章　郭店楚簡『性自命出』の人性論とその周辺

――主要概念と比喩表現の再検討――

はじめに

郭店楚簡『性自命出』は、一九九三年に発見された竹簡資料である。『性自命出』という題名は、文中に「性は命より出で、命は天より降る」とある一文にちなみ、竹簡の整理者によって名付けられた。(一) この一文は、『礼記』中庸篇に「天の命ずるを之れ性と謂ふ」とある一文に類似することで注目を集め、研究の初期段階においては、文献全体の思想内容についても、中庸篇との類似が多く指摘された。

一方、我が国においては、その研究の初期段階から、中庸篇との違いがいち早く指摘された。(二) その中でも、金谷治「楚簡「性自命出」の考察」(『日本学士院紀要』第五十九巻第一号、二〇〇四年)は、「性は命より出で、命は天より降る」とある一文について、「特別な解説を必要としない、もっと一般的な分かりやすい意味で利用された」ものとし、「つまり「性自命出」篇での「天命」と「性」は、例えば天賦の性というような、万物の始源とそこから生み出された万象との関係というような、素朴な意味内容であったともみられる」とした。また、中嶋隆蔵

「郭店楚簡所謂「性自命出」篇小考」(『東洋古典学研究』第二十三集、二〇〇七年)は、中庸篇との類似を指摘する従来の見解を一蹴し、『性自命出』の「文献の主題」は、冒頭の一文、即ち「凡そ人は、性有りと雖も、心は定志無し。物を待ちて後に作こり、悦を待ちて後に行はれ、習を待ちて後に定まる」とある一文に存するとした。更には、そこに「性」が言及される理由についても見解を明示し、「「心」を論ずる前提として「眚」に言及するに過ぎない」と説明した。(三)

こうした研究によって、『性自命出』における「性」「心」といった主要概念は、漸くその独自の意味内容が明らかになりつつある。だが、その一方で、『性自命出』における「天命」や「性」が「素朴な意味内容」であり、「性」は「「心」を論ずる前提」に過ぎないとすると、では何故「素朴な意味内容」に過ぎない「性」を「心」を論ずる前提」として持ち出す必要があったのか、新たな疑問が生じる。「天命」「性」「心」の意味内容に関しては、より具体的な説明を試みる余地が、なお残されているように思われる。(四)

また、従来『性自命出』の思想については、人の心性の未熟さを「物」との関係で指摘し、礼楽の必要性を述べる、という『礼記』楽記篇を想起させるような問題意識が想定されてきた。(五)だが、楽記篇との直接的な関係はともかくとしても、かかる問題意識を想定することが、「性」「心」の意味内容だけでなく、その周辺の記載を解釈することに対しても、予めの障碍となっているように思われる。(六)従来の想定にこだわらずに、改めて『性自命出』の記載を丹念に検討する必要がある。(七)

本章は、『性自命出』に見える「性」「心」「物」や、「善」「不善」及び「物」「勢」といった主要概念について、これら概念をめぐる比喩表現や文章構造を改めて検討し、その意味内容を明らかにする。その上で、再度『性自命出』冒頭の一文を全体の思想に位置づけて把握することで、人間の「性」に関する『性自命出』の人性論の思想的特徴を、その周辺の諸思想との関連において明らかにしたい。

一　「性」と「心」と「物」の関係――「金石」と「独言」の比喩

先ずは、『性自命出』冒頭の「性」「心」「物」に関する記載を確認しよう。[八]

凡人唯(雖)又(有)眚(性)、心亡(無)奠(定)忎(志)。㞷(待)勿(物)而句(後)乍(作)、㞷(待)兌(悦)而句(後)行、㞷(待)習而句(後)奠(定)。

［凡そ人は、性有りと雖も、心は定志無し。物を待ちて後に作こり、悦を待ちて後に行はれ、習を待ちて後に定まる。］（第一号簡～第二号簡）

人には「性」があるが、「心」には定まった「志」がないとされる。この場合の「志」とは、「物」に対する「心」の認識作用や意志を指す。そうした「心」の作用は、「物」の刺激が与えられた後に作動し、内容に関する了解を経た後に実際に機能する。そして、それが習慣化することで、正しい作用の仕方が定まる、という。通説によれば、この一文は、「性」が受動的であり、「心」もまた受動的であって、「心」が不安定であり、安定化が必要であることを述べる文章とされる。次に続く記載も、「性」と「物」との関係についてのものである。そこには、次のようにある。


憙(喜)蒊(怒)依(哀)悲之熂(氣)、眚(性)也。及亓(其)見於外、則勿(物)取之也。

［喜怒哀悲の気は、性なり。其の、外に見はるるに及ぶは、則ち物、之れを取るなり。］（第二号簡）

ここで注目すべきは、「喜」「怒」「哀」「悲」の感情が「気」としての要素に還元して把握され、それが人の「性」の一つと捉えられていることであろう。[九]しかも、「其の、外に見はるるに及ぶは、則ち物、之れを取るなり」とあり、それが実際に目に見える形に表れ、発揮されるのは、外物の刺激によるとされる。その発揮のされ方は、『礼記』楽記篇に、「姦声、人に感じて、逆気、之れに応ず」、「正声、人に感じて、順気、之れに応ず」とあるような、外物に対する「気」の反射的な反応を想定したものと考えられる。また、「性」と「物」との関係については、この他に次のような記載がある。

凡眚(性)爲宔(主)、勿(物)取之也。金石之又(有)聖(聲)〔也、弗鉤(扣)不鳴。人〕唯(雖)又(有)眚(性)、心弗取不出。

〔凡そ性、主為り、物、之れを取るなり。金石の、声有るや、〔扣かざれば鳴らず。人、〕性有りと雖も、心取らざれば出でず。〕(第五号簡〜第六号簡)

「凡そ性、主為り、物、之れを取るなり」とあるのは、「物」が「性」のはたらきを喚起するという意味で、一見すると上述の「性」と「物」との関係を繰り返したものに見える。だが、ここでは新たに、「金石」に関する比喩が提示されている。それは、「金石」の楽器には、音を発する本来的な性質が具わるが、人が叩かなければ音は鳴らない、という意味である。この比喩によって、人もまた、何らかの本来的な性質が具わるけれども、「心」がそれを取り出すことがなければ、その性質は発揮されないことが表明される。要するに、この「金石」の比喩は、外物に反応する「性」の発揮のされ方だけでなく、「心」の作用に基づく発揮のされ方を新たに提示し、「物」だけでなく「心」もまた、「性」を発揮させる要因であることを示すものと考えられる。

では、その「心」はどのような作用の仕方をするのか。「心」に関する説明も周到に用意され、次のようにある。

凡心又(有)忎(志)也、亡(無)與不〔可之。心之不可〕[10]蜀(獨)行、猷(猶)口之不可蜀(獨)言也。

〔凡そ心、志有るなり、与《とも》にするもの無ければ、〔之《ゆ》く可〕からず。〔心の〕独行す〔可からざるは〕、猶ほ口の独言す可

からざるがごときなり。」（第六号簡〜第七号簡）

ここでは、「心」の作用である「志」について、その作用の仕方が「与《とも》にするもの無ければ、之《ゆ》く可からず」と説明される。「与にするもの」とは、「心」の作用を促す契機や原因を指すと考えられ[二]、それを具体的に説明したのが「心の独行す可からざるは、猶ほ口の独言す可からざるがごときなり」という比喩表現である。この比喩が直接に意味するところは、その人に発話の意志がなければ、「口」は独りでに発話（「独言」）することがないように、「心」もまた、それと同様に、主体の意志がなければ独りでに作用することがない、というものである。要するに、「心」は主体的な選択や意志を伴い、はじめて作用するものであって、「物」に「取」られ、半ば反射的に発揮される「喜怒哀悲の気」とは、その作用の仕方が区別されるのである。かかる「心」の作用は、例えば『孟子』告子上篇に、「耳目の官は、思はずして、物に蔽はる。物、物に交はれば、則ち之れを引くのみ」とあるような、「物」に引かれる「耳目の官」のはたらき方ではなく、「心の官は則ち思ふ。思へば則ち之れを得」とあるような、主体的な意志に基づく作用と言える。

以上を要するに、「金石」の比喩は、先ず「性」について、「物、之れを取る」という側面だけでなく、「心取らざれば出でず」というもう一つの側面を新たに提示するものであり、そして「口」と「独言」の比喩は、その「心」について、主体的な意志に基づく作用の仕方を提示するものと考えられる。

二　「性」をめぐる必然的因果法則——「剛」「柔」の比喩と「取」の語義

『性自命出』の比喩表現を解釈するに当たっては、それら全てを「物」に対する「性」や「心」の受動性を説くものと見なす観点に止まるべきではない。受動的、主体性がないといった表面的なことではなく、比喩の具体的な内容を読みとるべきである。そのことは、「性」と「物」に言及する次の記載についても、同様である。そこには次のようにある。

　牛生而倀(長)、亶(雁)生而軑(伸)、亓(其)眚(性)□□而學或貞(使)之也。凡勿(物)亡(無)不異也者、剛之梪(樹)也、剛取之也。柔之約、柔取之也。

　［牛は生じて長く、雁は生じて伸びやかなるは、其の性、□□、而して、学、或は之れを使しむるなり。凡そ物、異ならざる無きは、剛の樹《た》つや、剛、之れを取るなり、柔の約《たばね》らるるや（三）、柔、之れを取るなり。」（第七号簡～第九号簡）

最初の文は、述語の部分が欠損し、確かな内容はわからないが、述語に相当する部分には、「性」の文字が確認される。おそらく一文は、「牛」が生まれつき身体が長く、「雁」が生まれつき首が長いのは、「性」の生まれつきの性質によることを表明するものと推測される。以下の部分も、竹簡が欠損し確かな内容はわからないが、「学、或は之れを使しむるなり」とあるのは、「牛」と「雁」の性質の中には、形態的特徴などのように、生まれつきのまま発揮される性質だけでなく、中には、「学」によってはじめて発揮されるものがある、という意味と考えられる。例えば、「牛」が人の指示に従い牛舎へ戻る、或いは雁が獲物の取り方を親鳥から学ぶといった類が想定されているのであろう。

続いて、「凡そ物、異ならざる無きは」とある。上述の「牛」や「雁」のように、およそ全ての物が異なる、という物の多様性が示唆される。これを承け、「剛の樹《た》つや、剛、之れを取るなり、柔の約《たばね》らるるや、柔、之れを取るなり」とあり、物の多様性の生じる原因が比喩表現によって説明される。一般に、この一文は、池田知久監修『郭店楚簡の研究(四)』(本章注(三))に、「剛のものがまっすぐ立つのは、別の剛のものがその性質を取り出すから」とあるように解釈されることが多い。つまり、「取」を「取り出す」と解釈するのである。だが、これに関しては劉昕嵐「郭店楚簡《性自命出》篇箋釈」(武漢大学中国文化研究院編『郭店楚簡国際学術研討会論文集』湖北人民出版社、二〇〇〇年所収)上篇注⑰が、『荀子』勧学篇に「強はみずから柱を取り、柔はみずから束を取る」とあるのを引き、「剛のものは、その剛の性質によって、立って柱となる。柔のものは、その柔の性質によって、束ねられた物となる」と説明するが妥当であろう。[三]『荀子』勧学篇の該当箇所は、その前後を見ると、次のようにある。

物類之起、必有所始。榮辱之來、必象其德。肉腐生蟲、魚枯生蠹、怠慢忘身、禍災乃作。強自取柱、柔自取束。邪穢在身、怨之所構。施薪若一、火就燥也。平地若一、水就溼也。……故言有召禍也、行有招辱也。君子愼其所立乎。

［物類の起こるや、必ず始まる所有り。栄辱の来たるや、必ず其の徳に象る。肉腐れば虫を生じ、魚枯るれば蠹を生ず。怠慢し身を忘るれば、禍災乃ち作こる。強はみずから柱を取り、柔はみずから束を取る。邪穢の身に在るは、怨の構《むす》ぶ所なり。薪を施くこと一の若くなれば、火は燥きたるに就くなり。地を平らかにすること一の若くなれば、水は溼ひたるに就くなり。……故に、言に禍を召くこと有るなり、行ひに辱を招くこと有るなり。君子、其の立つ所を愼まんか。］

人の栄辱といった境遇がその人に内在する道徳性に起因することについて、肉や魚が腐れば虫を生じるという、原因と結果との因果法則を引き合いに出して説明される。「強はみずから柱を取り、柔はみずから束を取る」という比喩は、内在的な性質(「強」「柔」)と現実のあり方(「柱」「束」)との間における因果法則を示す例として提示されている。かつそれは、自身の道徳性と境遇との必然的な因果関係を裏付けるもう一つの証拠と位置づけられている。このように、「取」は取り出すという意味ではない。もし、敢えてこれを直訳すれば、「選び取る」と訳すべきものであり、現実のあり方や結果を招来するという意味である。

また、「強」「立」という言葉で、これと同様の思想を示す例は、郭店楚簡『語叢二』にも、次のようにある。

彊(強)生於性、立生於彊(強)、斷生於立。弱生於性、疑生於弱、背生於疑。

[強きは、性より生じ、立つことは強きより生じ、断ぜらるるは立つことより生ず。弱きは、性より生じ、疑ふは弱きより生じ、背くは疑ひより生ず。]

この『語叢二』の一文も、従来、『性自命出』の該当句に類似することが指摘されてきたが、その詳しい意味内容は説明されていない。この一文は、「強さ」はそのものの性質(「性」)から生じ、そのものが「立つ」(「立」)のはその内在的な性質である「強さ」によるが、斬られる(「断」)という結果は、立っているというその状態から生じる、という意味である。(一四) これらの用例を参考にするならば、『性自命出』の一文は、剛の物が立つのは、その剛さがその立つ状態を招来している(剛さが立つ状態を必然的に選び取っている)、柔らかい物が枉げられるのは、その柔らかさがその枉げられる状態を招来している(柔らかさが枉げられる状態を必然的に選び取っている)という意味と解釈されるべきである。この場合の「取る」の意味を解釈するに当たっては、「別の剛のもの」を想定する必要はない。(一五) 一文は、「凡そ物、異ならざる無き」という物の多様性について、先ずは、その内在的な性質(「剛」「柔」)に起因する側面を指摘するものと考えられる。

三 「性」の同一性と「心」の多様性——「心」「性」と「教」との関係

「牛」の胴体が長くなり、「雁」の首が長くなり、剛い物が柱になり、柔らかい物が枉げられるといったことは、その物に具わる内在的な性質が現実のあり方を決める類のものである。『性自命出』によれば、「凡そ物、異ならざる無き」という物の多様性には、内在的な性質に起因する側面が、先ず指摘されていた。そして、それは同時に、内在的な性質と現実のあり方とに関する必然的な因果法則を示唆するものと言えよう。

ところで、こうした必然的な因果法則は、当然「人」にも例外なく当てはまるであろう。獣のような鋭い爪や、豊かな体毛をもたない「人」は、その内在的で形態的な性質において、既に獣のようなあり方をすることは許されない。その意味で、「人」の現実のあり方もまた、内在的で形態的な性質に制限されている側面がある。しかしながら、その一方で、現実の人間の多様性は、堅さや柔らかさといった、単なる形態的特質や内在的な性質だけで、これを説明し尽くせるものではない。その人が実際にどのように振る舞っているのか、即ち、その心の用い方に注目してこそ、はじめてこれを十分に説明することができるであろう。これについて、『性自命出』は、人の多様性が生じる原因と併せ、次のように説明する。

四海(海)之内、亓(其)眚(性)弌(一)也。亓(其)甬(用)心各異、𧦝(教)㝵(使)肰(然)也。

［四海の内、其の性、一なり。其の用心、各《おのお》の異なるは、教、然らしむるなり。］（第九号簡）

冒頭に「四海の内、其の性、一なり」とある「其の」とは、下文で「心」に言及されることからすれば、おそらく、「人」を指すと考えられる。先の記載において、「牛」や「雁」に形態的性質の同一性が認められていたように、「人」にもまた、何らかの同一性が認められていると考えられる。では、ここで「一なり」として同一性が認められる「性」とは、どのようなものか。参考にすべきは、『荀子』勧学篇の次の記載である。

干越夷貉之子、生而同聲、長而異俗、教使之然也。

［干、越、夷、貉の子、生じて声を同じくし、長じて俗を異にするは、教、之れをして然らしむるなり。］

ここでは、人について、干、越、夷、貉の地域差に解消されない同一性が自覚されながら、その一方で、現実の言語や生活習慣の違いが同時に自覚される。そして、そうした習俗の違いは、「教」によるものとされる。現実「声」の質に関しては、人の声帯の形態的特質に由来する共通性が認められるが、現実に認められる言語や生活習慣の多様性は、異なる教育によって身についた調音の仕方や生活様式によるという発想である。要するに、内在的な性質の同一性を想定する一方で、現実のあり方における多様性を自覚し、かつそうした多様性の原因を「教」に求める思想である。

「性」における同一性と、「教」に起因する多様性とを対比する思考法は、『荀子』勧学篇と『性自命出』とに共通する。『性自命出』に、「四海の内、其の性、一なり」とあるのも、「干、越、夷、貉の子」が生まれながら同じくする「声」のような、地域差や文化的差異に解消されない内在的な性質の同一性を指すものと考えられる。要するに、『性自命出』は、そうした意味での「性」の同一性を自覚しながらも、教育によって身についた心の用い方に起因する多様性を明示するのである。

以上、「性」「心」「物」に関する記載をまとめれば、次のように理解することができよう。先ず、『性自命出』の「性」は、「喜怒哀悲の気は、性なり。其の、外に見はるるに及ぶは、則ち物、之れを取るなり」とあり、「凡そ性、主為り、物、之れを取るなり」とあったように、「物」との関係によって説明され、主体の意志が関与することなく発揮されるものとして、把握されている。その上で、「牛は生じて長く、雁は生じて伸びやか」とあり、「剛の樹《た》つや、剛、之れを取るなり、柔の約《たば》ぬるや、柔、之れを取るなり」とあったように、「性」はまた、現実のあり方を条件づける内在的な性質として、把握されていた。これらはいずれも、主体の選択とは無関係に、そのように発揮されざるを得ないものとして、「性」を把握したものと言える。ただし、その一方で、『性自命出』には、「性有りと雖も、心取らざれば出でず」とあった。これは、人については、一方で、他の諸物と同様に、内在的な性質の同一性や、「剛」「柔」といった、単純な性質の範囲で説明できる多様性を自覚しながらも、他方で、現実の人間のあり方と多様性とに関する十分な説明は、むしろ、「心」の領域と、その用い方による結果に求められるべきとする主張である。そして、教育の効果と発展の可能性も、その「心」の領域に見いだされていた。「物」との関係で「性」「心」を論じる『性自命出』の人性論の特徴とは、こうした多角的かつ構造的な人間理解にあると言える。

四　「善」「不善」に関する価値論的考察――「勢」の語義

「人」には、「四海の内、其の性、一なり」といった、内在的な性質の同一性が認められていたが、一方で「人」の実質的な多様性は、心の用い方と、それに由来する現実のあり方とに認められていた。もしそのように、人の現実のあり方を直ちに「性」の必然的な結果と見なさず、心の用い方の自由な選択の結果と見なす立場をとるならば、人の「性」の善悪を評価することは、もはや重要な関心事ではなくなるであろう。『性自命出』には、「性」と「善」「不善」とに言及する記載があるが、それは「性」の善悪の評価を目的とするものでなく、次のようにある。

好亞(惡)、眚(性)也。所好所亞(惡)、勿(物)也。善不〔善、眚(性)也。〕所善所不善、埶(勢)也。

〔好悪は、性なり。好む所、悪む所は、物なり。善不〔善は、性なり。〕善とする所、不善とする所は、勢なり。〕（第四号簡～第五号簡）

先ず、「好悪は、性なり」とあるのは、人には何かを「好み」「悪む」という判断力が基本的な性能として具わる、という意味である。「善不善は、性なり」とあるのも、これと同じで、人には何かを「善」とし「不善」とする性能が具わっていることをいうもの。人の「性」が「善」であるのか「不善」であるのか、そうした品評論が話題となっているのではない(一六)。

注目されるのは、ここでは何かを好悪し、何かを善とし不善とする主体と、その判断の対象となる客体とが分けられ、好悪の対象が「物」、善不善の対象が「勢」と分けられることである。これは、「好悪」と「善不善」の違いをその対象の違いによって説明するため、と考えられる(一七)。では、「物」と「勢」とはどのように異なり、それによって、「好悪」と「善不善」とにはどのような違いが想定されているのか。

「好む所、悪む所は、物なり」とあるのは、文字どおり、人が好悪する対象は「物」であるというもの。一方、「善とする所、不善とする所は、勢なり」とあるが、この「勢」については、『性自命出』第十二号簡から第十三号簡に、「物の勢なる者を之れ勢と謂ふ」とある。だが、この記載も、「勢」の基本的な意味を予め了解していなければ理解できない。そこで、「勢」に関する他文献の用例を見ると、『論衡』率性篇に、次のようにある。

人間之水汚濁、在野外者清潔。倶爲一水、源從天涯、或濁或淸、所在之勢使之然也。
［人間の水は汚濁なるも、野外に在る者は清潔なり。倶に一水為りて、源は天涯よりするも、或は濁り或は清きは、在る所の勢、之れをして然らしむるなり。］

「汚濁」と「清潔」とに分かれる性質をもつ「水」は、いずれも「天涯」より発する同質の「一水」でありながら、その「在る所」の環境によって、清濁の現実的なあり方に違いが生じるとされる。「勢」は、清濁といった現実のあり方を決める情勢の意味である。また、『孟子』告子上篇に、次のようにある。

人性之善也、猶水之就下也。人無有不善、水無有不下。今夫水搏而躍之、可使過顙、激而行之、可使在山。是豈水之性哉。其勢則然也。
［人性の善なるや、猶ほ水の、下に就くがごときなり。人に不善有ること無く、水に下らざること有る無し。今、夫れ水は、搏《う》ちて之れを躍らせば、顙を過ごさしむべく、激して之れを行《や》れば、山に在らしむ可し。是れ豈に水の性ならんや。其の勢、則ち然るなり。］

「水」にはそれ自体に低きに流れる性質が具わるが、それが高きに登ることがあるのは、「勢」に因るとされる。ここでは、「人性の善」を証明するために、「水」に具わる内在的な性質が一方的に「下る」ことに限定されているが、ここでの「勢」は、ある内在的な性質を具える「水」に対し、その現実のあり方を決定づける外在的情勢の意味であり、そして、高所に打ち上げられた「水」の現実の様相を指す。[一八]

このように、「勢」は、物の性質との対比で言及され、物に具わる性質を現実のあり方として表出させる情勢の意味であり、かつ、そうして表出した物の様相を指すことがわかる。『性自命出』に、「物の勢なる者を之れ勢と謂ふ」とあるのは、とりわけ後者の、物の様相の意味に用いられたものと考えられる。

こうした「勢」に関する思想によれば、人が「水」の「清濁」や「高下」を判断することは、水の性質それ自体に対して判断を下すことではない。その判断は、対象(水)を取りまく情勢を考慮の中に含み、その現実の様相を判断することである。これは、物を取りまく情勢と現実の様相とを考慮せず、「清濁」「高下」を直ちに物の性質と同一視する思考法を明確に斥けるものと言える。「勢」は、物それ自体に具わる性質ではない。[一九]

こうした思想を「善」と「不善」といった価値の問題に応用したのが、『性自命出』の思想に他ならない。即ち、「善とする所、不善とする所は、勢なり」とあるのも、善不善の判断は、対象の性質それ自体に対する判断ではなく、対象を取りまく外在的情勢と、それによって表出した現実の様相、即ち「勢」に対する判断であることを表明するものと考えられる。要するに、「水」の「清濁」や「高下」と同様、「善不善」もまた、物それ自体に具わる性質とは見なさない。即ち「勢」と見なすのである。

これに対し、対象を好み悪むといった好悪の判断は、その対象を取りまく情勢に対する配慮を必ずしも含むものではなく、また対象の現実の様相を記述するものでもない。人はある「物」の性質それ自体を直ちに「好悪」するのみである。好悪の判断は、「物に交われば、則ち之れを引くのみ」(『孟子』告子上篇)とあるような、「物」

の性質に誘引される反射的な判断であるのに対し、善不善の判断は、物を取りまくその時々の情勢と様相とを主体的に分析する必要がある。それは、より高度な分析力と能動的な参与とを要する判断である。

五 「詩」「書」「礼」「楽」の制作説と人格形成論――その反復的漸進的特徴と人性論

人の現実のあり方の決定要因を人の内在的な性質に求めず、人を取りまく「教」に求める思想に対して、上述の「善」と「不善」に関する思想は、価値論的な裏付けを与えるものと言える。つまり、善不善といった価値自体が既に、ものの内在的な性質ではないという価値論を提示することで、人の「性」の善悪を断定したり、「性」において人間を把握する思想的態度を斥けるものと言える。

では、心の用い方の善し悪しを決定する「教」とは、具体的に何であるのか。それは、「詩」「書」「礼」「楽」である。『性自命出』には、その「詩」「書」「礼」「楽」が生み出された過程について、次のようにある。

旹(詩)箸(書)豊(禮)樂、亓(其)司(始)出也、竝生於(人。旹(詩)〕又(有)爲爲之也。箸(書)又(有)爲言之也。豊(禮)樂又(有)爲舉(擧)之也。

〔詩書礼楽、其の始めて出ずるや、並びて〔人〕より生ず。〔詩は、〕為す有りて之れを為すなり。書は、為す有りて之れを言ふなり。礼楽は為す有りて之れを挙ぐるなり。〕(第十五号簡～第十六号簡)

ここでは、「詩」「書」「礼」「楽」について、それらがいずれも天然自然の所産ではなく、人の「有為」によって作られた人為の所産であり、「並びて人より生じ」たもの、とされる。そして、一文は次のように続く。

聖人比亓(其)頪(類)而侖(論)會之、雚(觀)亓(其)先逡(後)而逆(逆)訓(順)之、體(體)亓(其)宜(義)而節度

(度)之、里(理)亓(其)青(情)而出內(入)之。肰(然)句(後)復𠂤(以)𤕌(教)。𤕌(教)、所𠂤(以)生悳(德)於中者也。

〔聖人は、其の類を比べて之れを論会し、其の先後を観て之れを逆順し、其の義を体して之れを節度し、其の情を理《おさ》めて之れを出入す。然る後に復するに教を以てす。教は、徳を中に生ずる所以の者なり。〕(第十六号簡～第十八号簡)

この一文を単なる「詩」「書」「礼」「楽」の由来や形成過程を述べる文章と見なすのは、おそらく十分ではない。注目すべきは、「其の情を理めて之れを出入す。然る後に復するに教を以てす」とある一文である。ここでは、「詩」「書」「礼」「楽」の諸規範の類型化と洗練化、及び「徳を中に生ずる」人格の形成過程について、「情」を出し入れし、教育を反復するといった、漸進的で反復的な規範の制作過程と人格の形成過程とが明示されている。こうした漸進的な規範の制作説や人格形成論は、他文献には見られない『性自命出』の特徴である。こうした特徴は、次の記載にも表れている。

眚(性)自命出、命自天降。衍(道)司(始)於青(情)、青(情)生於眚(性)。司(始)者近青(情)、終者近義。智(知)〔青(情)者能〕出之、智(知)宜(義)者能內(入)之。

〔性は命より出で、命は天より降る。道は情より始まり、情は性より生ず。始めは情に近く、終はりは義に近し。〔情〕を知る〔者は能く〕之れを出だし、義を知る者は、能く之れを入る。〕(第二号簡～第四号簡)

「性は命より出で、命は天より降る」とある一文の解釈は、本章の最終的な結論に属することであるので、ここではひとまず、従来の研究のように、「性」と「天」との繫がりを示すもの、といった指摘に止めておこう。一文は、「性」が「天」「命」に由来することを踏まえ、続いて、「道は情より始まり、情は性より生ず」とある。「道」は、「情」「性」を媒介としながらも、それが「天」に由来することが示唆される。ただし重要なのは、「道」は、作り始めはその素材である「情」に性質が近いが、洗練を経ることで、完成の終わり頃には、規範としての「義」に近づく、とされることである。「始め」と「終はり」とあるように、「道」は、一時期にできあがるものではなく、生まれ始めから完成までには一定の時間的経過が見込まれ、かつ、「始め」と「終はり」とではその性質が異なる。

そして、「情を知る者は能く之れを出だし、義を知る者は、能く之れを入る」とある。「情を知る者は能く之れを出だし」とは、「情」の本質を熟知した者が先ずそれを適切に表現し、整った表現形式を作成すること。(三〇)「義を知る者は、能く之れを入る」とは、「情」を適切な表現形式に洗練させた「義」について、その価値を熟知する者が、それをみずからに摂取する、ということである。したがって、こうした「出入」の反復を繰り返す漸進的な規範の制作説と人格形成論とにとっては、生まれながらにしてあらゆる能力を身につけた完全無欠の聖人は、必ずしも必要ではないであろう。規範を制作する初期段階においては、普通の者よりもわずかでも敏感に「情」の本質と扱い方を熟知し、巧みに「情」を表現できる者であれば、それで十分であろう。後は、表現形式の摂取と洗練化とを反復的漸進的に進めればよい。(三一)こうした思想は、「人」を生まれながらの「性」において把握しない、『性自命出』の基本思想に対応したものと言える。

六 「性」にかかわる「物」「勢」と「義」「道」——第九号簡から第十四号簡の構造分析

以上、『性自命出』の人性論について、「性」「心」「物」に関する記載や、「詩」「書」「礼」「楽」に関する記載を検討した。最後に、『性自命出』の「性」を考える上で、従来注目された他の記載について、文章構造に着目しながら検討を加えたい。それは、『性自命出』第九号簡に始まる次のような記載である。

凡眚(性)、或勭(動)[A1]之、或逹(逆)①之、或交之②、或萬(厲)③之、或出[B1]之、或羕(養)④之、或長之⑤。

「凡そ性、或は之れを動[A1]かし、或は之れを逆《むか》へ①、或は之れに交《まじ》はり②、或は之れを厲《みが》き③、或は之れを出[B1]だし、或は之れを養④ひ、或は之れを長ず⑤」（第九号簡～第十号簡）

ここには、「性」に対して影響を及ぼす作用として、「之れを動かし」「逆へ」「交はり」「厲き」「出だし」「養ひ」「長ず」といった作用が挙げられる。従来この一文もまた、未熟な「性」に対する修正の必要と「性」の受動性を主張するものと説明されてきた。(三) だが、これら作用は、ただ漫然と無造作に列挙されているのではないことに注意すべきである。(三) 文章構造をわかりやすくするために、引用文中の各概念に番号を振り、重要な概念は四角で囲んだので、参照されたい。「出」(B1)は、その他の①②③④⑤と一緒くたにされるべきではなく、「動」(A1)と並立する議論の柱と理解されるべきである。そのことは、以下に続く記載を見ればより明らかとなろう。そこには次のようにある。

凡勭(動)[A1]眚(性)者、勿(物)[A2]也。逹(逆)①眚(性)者、兌(悦)①也。交②眚(性)者、古(故)②也。萬(厲)③眚(性)者、宜(義)③也。出[B1]眚(性)者、埶(勢)[B2]也。羕(養)④眚(性)者、習④也。長⑤眚(性)者、衍(道)⑤也。

「凡そ性を動[A1]かす者は、物[A2]なり。性を逆ふ①る者は、悦①なり。性に交はる②者は、故②なり。性を厲く③者は、義③なり。性を出[B1]だす者は、勢[B2]なり。性を養ふ④者は、習④なり。性を長ずる⑤者は、道⑤なり。」（第十号簡～第十二号簡）

ここで注目すべきは、「性」を「動」(A1)かす「物」(A2)と、「性」を「出」(B1)だす「勢」(B2)との対比である。更には、「義」(③)と「道」(⑤)との対比も注目される。なぜならば、「物」と「勢」との対比は、「好む所、悪む所は、物なり」「善とする所、不善とする所は、勢なり」とあったのを踏まえ、そして、「義」と「道」との対比については、「道は情より始まり」「終はりは義に近し」とあり、そこに「道」と「義」との関係が示唆されているのを踏まえたものと考えられるからである。要するに、一文からは、「性」を「動」(A1)かす「物」(A2)から「義」(③)までの系列(A1—A2—③)と、「性」を「出」(B1)だす「勢」(B2)から「道」(⑤)までの系列(B1—B2—⑤)との、二つの系列を読みとることができよう。既に見たように、「性有りと雖も、心取らざれば出でず」ともあったが、「性」に対する作用については、「動」かすことと「出」だすこととの、二つの作用が明確に区別されているのである。「性を動かす」とは、「性」のはたらきを発動させること、「性を出だす」とは、「性」を具体的な様相に表出させることを意味すると考えられる。

以上に列挙された各概念も、この二つの系列に応じて、その意味内容を説明できるのではないだろうか。即ち、「物」(「性を動かす者」)は、「性」のはたらきを発動させる最も基本的な要因として、第一番目に提示される。次いで、「悦」(「逆へる者」)は、「性」の欲求に迎合的に作用し、そのはたらきを発動させる最も基本的な作用である。そして、「故」(「交はる者」)は、「悦」とは反対に、「性」の欲求を故意に抑制する作用であり、「義」(「厲く者」)は、「性」を錬磨する作用である、と。一方、「性」を現実の様相に表出させるのは、「勢」である。「性」は、「人」を取りまくその時々の情勢と、それを判断する「心」とによって、その表出の仕方は、一定でない側面がある。そこで、「性」が常に適切な形で表出するように、その表出の仕方を望ましい方向に養い助長する、それが「養」「長」の意味である。こうして見ると、『性自命出』冒頭に、「悦を待ちて後に行はれ、習を待ちて後に定まる」とあった、その「悦」と「習」とは、それぞれ、「動性」に始まるA系列一番目の作用(「悦」①)と、「出性」に始まるB系列一番目の作用(「習」④)であることに気がつく。『性自命出』におけるこの二つの系列は、今後も注目されるべきであろう。

さて、一文は、更に次のように続く。

凡見者、之胃(謂)勿(物)A2、快於吕(己)者、之胃(謂)兌(悦)①。

勿(物)之埶(勢)者、之胃(謂)埶(勢)B2也。

又(有)爲也者、之胃(謂)古(故)②。宜(義)③也者、羣善之蓝(蕝)也。

習④也者、又(有)㠯(以)習亓(其)眚(性)也。衍(道)⑤(二四)〔也〕者、羣勿(物)之衍(道)。


〔凡そ見はるる者を、之れ物A2と謂ひ、己に快き者を、之れ悦①と謂ふ。

物の勢なる者を、之れ勢B2と謂ふなり。

為す有る者を、之れ故②と謂ふ。義③なる者は、群善の蕝なり。

習なる者は、以てする有りて(二五)、其の性を習ふなり。道⑤〔なる〕者は、群物の道なり。〕（第十二号簡～第十四号簡）

先の一文では、「故」(②)「義」(③)「勢」(二六)(B2)という順序であったのが、ここではその語順が入れ替わり、「勢」(B2)「故」(②)「義」(③)の順序となる。ここで注目されるのは一文の句法(波線部)である。引用文として提示した最初の二行は、「…者之謂～」という句法で統一されるのに対し、後の二行は、「…也者～」という句法で統一されている。こうした句法の統一は、語順の入れ替えが偶然の産物ではなく、意図的な処置によって生じたものであることを物語っている。引用文の後半二行の文末が各々対句(「群善の蕝」「群物の道」)となっていることを見ると、おそらく語順の入れ替えは、後半二行で「有為」及び「義」と、「習」及び「道」との対比を明示するためのものと考えられる。では、その一文はどのように解釈すべきか。

「義なる者は、群善の蕝」とあるのは、個別具体的な諸々の「群善」から帰納された精髄が「群善の蕝」で、それを普遍的規範として洗練化したものが「義」であるというもの。それが「有為」と「故」との関連で言及されるのは、「義を知る者は、能く之れを入る」とあったように、諸善の精髄であり、普遍的規範として一般化された「義」を熟知する者は、その価値を知り、自覚的にそれを取り入れ修練する、というその作為性を念頭に置いたものと考えられる。

一方、「道なる者は、群物の道」とあるのは、郭店楚簡『尊徳義』に、「水の道」「馬の道」「地の道」「人道」といった言葉が見られるように、（三七）「水」「馬」「地」「人」等の諸物のあり方を決める「道」が、ここで取り上げる「道」であるというもの。人の場合であれば、「道は情より始まり」「始めは情に近し」とあったように、人の性情として人間の基本的あり方を内から規定する「道」であり、それと同時に、「終はりは義に近し」とあり、「義を知る者は、能く之れを入る」とあったように、外から人の性情を練磨する規範としての「道」である。それが「習」との関連で言及されるのは、そうした「情に近」く、「義に近」いそれぞれの「道」が、絶えず人間の内外からその現実のあり方と振る舞いとを習慣づける、という反復的漸進的な人格形成論を念頭に置いたものと考えられる。

むすび

『性自命出』の「性」「心」「物」に関する記載からは、次のような人性論を読みとることができる。即ちそれは、「性は命より出で、命は天より降る」とあり、「剛の樹《た》つや、剛、之れを取るなり、柔の約《たばね》らるるや、柔、之れを取る」とあるように、人に与えられた必然的で宿命的な「性」の領域と、（三八）「性有りと雖も、心取らざれば出でず」「凡そ心、志有るなり、与《とも》にするもの無ければ、之《ゆ》く可からず」とあるような、みずからのあり方をみずからの意志で決定する、自由な「心」の領域とを対比する人性論である。それはまた、人間の本質と価値とを天与の「性」においてではなく、現実の「心」の用い方において把握し、その「心」の領域に、教育の効果と発展の可能性とを見いだすものであった。かかる人性論は、段階的で漸進的な規範の制作説と人格形成論とを支え、善不善に関する価値論を背景とするものであった。

　では、「凡そ人は、性有りと雖も、心は定志無し」という冒頭の一文は、改めてどのように理解できるであろうか。従来この一文は、心性の未熟さを表明するものと理解されている。だが、この一文は、全篇の冒頭において、宿命的な「性」の自覚を契機とした、「心」の自由さと発展の可能性とを表明するものと理解すべきではないか。つまり、一文の主旨については、「人は現実のあり方を決定づける天命由来の「性」を背負い、必然的に条件づけられた側面が有るけれども、「心」のはたらきには、そのような必然的な定めは無い」と理解するのである。要するに、人性の未熟さや修養の必要性が表明されているだけでなく、「心」に「定志」がないことに積極的な意義を認め、そこに人間の発展の可能性が見いだされているとする理解である。こうした理解の方が、そこに見える「雖」という語の意味も、より明確になるであろうし、「性」「心」に関する『性自命出』の比喩表現も、その内容をより具体的に把握できるのではないだろうか。

　ところで、従来『荀子』の性悪説は、それが一方で聖人の存在を認め、規範の制作能力を人間に認める点において、その矛盾が指摘されている。この矛盾をいかに整合的に解釈するかは、今日なお重要課題の一つと言える。しかしながら、『性自命出』における段階的で漸進的な規範の制作説と人格形成論、そして「勢」に対する視点を考慮した善不善に関する価値論とを前提とするとき、従来指摘される「矛盾」が、果たしてどれほどの妥当性をもつものであるのか、疑問の余地があるように思われる。つまり、『荀子』の性悪説及び、「性」や「聖人」といった概念の関係性に対し、解釈者が要求する論理的整合性の側を、改めて検証する必要があると思われる。『性自命出』は、そうした解釈学的な批判を実証的に進めるための重要な資料となることが期待される。

（一）　郭店楚簡『性自命出』の出土状況と整理の状況については、湖北省荊門市博物館「荊門郭店一号墓」（『文物』一九九七年、

第七期)、荊門博物館『郭店楚墓竹簡』(文物出版社、一九九八年)参照。

(二) 池田知久監修「郭店楚簡『性自命出訳注その一』」(『郭店楚簡の研究(四)』大東文化大学郭店楚簡研究班、二〇〇二年所収)は、その注の中で、次のようにいう。

その「天」は、『礼記』中庸篇の言うような、主宰者が人倫の規範を与える規範的理法的な性善説的な内容の「天」ではなくて、人間に生得的に与えられている自然的物理的な素樸な内容の「天」である……本書の思想を『礼記』中庸篇と同じであるとするのは、誤りである。

(三) この他、『性自命出』の研究史については、既に李承律『郭店楚簡儒教の研究――儒系三篇を中心にして――』(汲古書院、二〇〇七年)第二部「『性自命出』の性情説と礼楽説の研究」に詳しい。

(四) 末永高康「もう一つの「天人の分」――郭店楚簡初探」(『鹿児島大学教育学部研究紀要人文・社会科学編』第五十巻、一九九八年)は、「「天」がわたしに人として生きることを「命」じたならば、わたしは「天」より人の「性」を与えられたことになる」とし、竹田健二「郭店楚簡『性自命出』・上海楚簡『性情論』の性説」(『国語教育論叢』第十四号、二〇〇五年)は、「全ての人間には、基本的に道徳的行為を実践する能力がその内面に存在し、そしてそれは天によって保証されている」とする。こうした見解は、「天」「命」「性」を素樸な意味内容とする見解とは、相容れないように見える。このように、『性自命出』における「天」「命」「性」といった主要概念の解釈については、なお見解が分かれる。

(五) 島一「『礼記』楽記篇の人性論とその周辺」(金谷治編『中国における人間性の探求』創文社、一九八三年所収)は、『礼記』楽記篇に、「人心の動くは、物これをして然らしむるなり」とある一文について、「人間の心は自発的、自主的に動くのではなく、物によってやむなく動かされる」ことをいうものとし、「楽記」の基本的立場は、人心の外部からの別な配慮として、「先王の礼楽の存在意義を言う点にある」としている。

(六) 楽記篇との関係を指摘する研究として、陳来「荊門竹簡之《性自命出》篇初探」(姜広輝主編『中国哲学』第二十輯、遼寧教育出版社、二〇〇〇年所収)、橋本昭典「郭店楚簡『性自命出』における「情」について」(『中国研究集刊』第三十六号、二〇〇四年)、蒙培元「《性自命出》的思想特征及其与思孟学派的関係」(山東師範大学斉魯文化研究中心・美国哈仏大学燕京学社編『儒家思孟学派論集』斉魯書社、二〇〇八年所収)、王中江『簡帛書文明与古代思想世界』(北京大学出版社、二〇一一年)第七章「《性自命出》的人性模式及人道観」等がある。念のために繰り返すと、本章が問題視するのは、『性自命出』に対して想定された問題意識の内容それ自体である。したがって、『性自命出』の解釈上、有効と判断される記載であれば、『礼記』楽記篇であっても参考にする。

(七)　この他、李承律前掲書は、「当篇に内在する重要な諸問題」の一つとして、「性情説と礼楽説との関係」を挙げ、それを道家の人為批判と礼楽批判とに対する応答として捉えた。『性自命出』の思想をその問題意識にまで踏み込み、思想史的な観点からそれを説明したが、本章が提起した課題については、未検討である。なお、我が国の最新の研究成果として、鄭宰相「『性自命出』の性情論」(『中国思想研究』第三十四号、二〇一三年)がある。

(八)　以下、『性自命出』のテキストは、荊門博物館『郭店楚墓竹簡』(前掲)を底本とし、釈文は池田監修「郭店楚簡『性自命出訳注その一』」(前掲)を参照した。ただし、訓読文は独自に改め、隷定や欠字部分も一部改めた箇所がある。

(九)　末永高康「「性」即「気」——郭店楚簡『性自命出』の性説」(『鹿児島大学教育学部研究紀要人文・社会科学編』第五十一巻、二〇〇〇年)や、渋谷由紀「「性」と「心」——《性自命出》の分析を通じて——」(『中国出土資料研究』第八号、二〇〇四年)等、この一文を「性とは何か」に答える概念規定をする文章と捉えるような見解もあるが、疑問である。なぜならば、一文の主語は「喜怒哀悲」であって、「性」ではないからである。

(一〇)　この欠字部分は、「可之。心之不可」の六字を補った。「心」の作用については、以下に「行」という言葉でその機能が表現されている。このことから、「志」の作用についても、それに相当する言葉が補われるべきであると考え、「之」の字を補った。「心」の作用と「志」の作用とを併記する用例としては、『新語』思務篇に、「夫善惡不空作、禍福不濫生、唯心之所向、志之所行而已矣」[夫れ善悪は空しく作らず、禍福は濫りに生ぜず、唯だ心の向かふ所、志の行く所のみ]とある。この用例を直接の根拠とするならば、或いは、「心」と同様に、「志」についても「行」の語を補ってもよいかもしれない。また、「心之不可」の部分については、「心」の他に、「志」や「性」や「人」を補う見解もあるが(馮勝君『郭店簡与上海簡対比研究』綫装書局、二〇〇七年、本文編第二節参照)、「志」と「心」との対比が一文の主旨であると考え、ここでは、「心」を補った。

(一一)　『詩経』邶風旄丘篇には、「何其處也、必有與也」[何ぞ其れ処るや、必ず与にする有るなり]とある。「与にする」とは、ある現象や作用を招来する契機や原因を指す言葉と考えられる。

(一二)　『説文解字』十三篇に、「約は、纏束するなり」とある。

(一三)　この他、一文を同様の意味に解釈するものに、陳釗「郭店簡補釈三篇」(『祈念郭店楚簡出土十周年論文専輯』香港国際炎黄文化出版、二〇〇三年)がある。

(一四)　更に言えば、「取」の語は、行為と禍福との因果関係を示す文章の中でも、同様の用法で用いられる。例えば、『孟子』離婁上篇に、次のようにある。

有孺子歌曰、滄浪之水清兮、可以濯我纓。滄浪之水濁兮、可以濯我足。孔子曰、小子聴之。清斯濯纓、濁斯濯足矣。自取之也。夫人必自侮、然後人侮之。……太甲曰、天作孽、猶可違。自作孽、不可活、此之謂也。

[孺子有り歌うて曰はく、滄浪の水清ければ、以て我が纓を濯ふべし。滄浪の水濁らば、以て我が足を濯ふべし。孔子曰はく、小子、之れを聴け。清ければ斯こに纓を濯ひ、濁れば斯こに足を濯ふ。みずから之れを取るなり、と。夫れ人は必ずみずから侮りて、然る後に人、之れを侮る。……太甲に曰はく、天の作《な》せる孽《わざはひ》は、猶ほ違《さ》く可し。みずから作せる孽は、活く可からず、と。此の謂なり。]

他者からの侮辱は、「天」の下す「孽」ではない。みずからの行為の必然的な結果であり、みずからが選び取った「孽」とされる。「取」は、取り出す、引き出すという意味ではなく、現状の結果を招来することを意味する。

(二五) 末永高康「仁内義外考——郭店楚簡と孟子の仁義説」(『鹿児島大学教育学部研究紀要人文・社会科学編』第五十四巻、二〇〇三年)は、「取」を「引き出す」と解釈し、一文を「感応の図式」を示すものと捉える。その上で、「金石」の一文については、前稿での見解を改め、「雖有性心、弗取不出」[性心有りと雖も、取らざれば出でず]と断句を修正し解釈する。だが、再考すべきはむしろ、「感応の図式」ではないだろうか。

(二六) これについては、既に末永「「性」即「気」」(前掲)が「ここでの性説は、「性」の善悪を定めるという強い関心の下に記されたものではない」と指摘している。

(二七) このように、人に具わる判断力の基本的性能と、その判断の対象とを峻別する発想は、『荀子』富国篇にも、「人倫竝處、同求而異道、同欲而異知、生也。皆有可也、知愚同。所可異也、知愚分」[人倫並び処り、求むるを同じくするも道を異にし、欲を同じくするも知を異にするは、生なり。皆な、可とする有るや、知愚同じ。可とする所異なるや、知愚分かる]とある。「可とする」は、判断を下すことを指し、「可とする所」は、その判断の対象を指す。

(二八) また、『孫子』勢篇には、「故善戰者、求之於勢、不責於人。……木石之性、安則靜、危則動、方則止、圓則行。故善戰人之勢、如轉圓石於千仞之山者、勢也」[故に善く戦ふは、之れを勢に求め、人に責めず。……木石の性、安ければ則ち静か、危ければ則ち動き、方なれば則ち止まり、円なれば則ち行く。故に善く人を戦はしむるの勢、石を千仞の山より転円せしむるが如き者は、勢なり]とある。安定すれば静かに、不安定であれば動き、四角ければ止まり、丸ければ運動するという「木石」の性質を「性」とし、「転円」する現実の様相と、その原因としての外在的な情勢(「千仞の山」)とを「勢」と表現している。

(一九)『新書』審微篇に、「彼人也、登高則望、臨深則窺。人之性非窺且望也。勢使然也」「彼の人なるや、高きに登れば、則ち望み、深きに臨めば、則ち窺ふ。人の性、窺ひ且つ望むに非ざるなり。勢、然らしむるなり」とある。ものの性質それ自体の変化ではなく、そのものが置かれた情勢の変化をいう。これもまたものの性質と情勢とを同一視する思考を明確に斥け、およそ物の性能が発揮されるのは、外在的な勢との関係によるとする思想である。「性」と「勢」との使い分けは、こうした思想に基づくものと考えられる。

(二〇)　この場合の「知る」とは、単なる語義的辞書的な知り方ではない。意義、本質を熟知し、適切な対処の仕方を知ること。『礼記』楽記篇に、「礼楽の情を知る者は能く作こす」とある。

(二一)『性自命出』における「聖人」については、必ずしもこれを全能者と見なす必要はないのではないか。「聖人」とは、「出」「入」を繰り返す規範の制作と人格の形成とについて、それを段階的な歴史的過程と見なしたとき、それに関与した人物を歴史的に評価したものと理解すべきではないか。例えば、少なくとも、『孟子』万章下篇において「聖」と評価される伯夷、伊尹、柳下恵は、全能者ではない。

(二二)　橋本前掲論文、中嶋前掲論文等。

(二三)　竹田健二「郭店楚簡『性自命出』と上海博物館蔵『性情論』との関係」(『日本中国学会報』第五十五集、二〇〇三年)は、『性自命出』における主要概念の記載について、「それらは概ね、各概念に関する個別的な問題について断片的に述べるもので、内容的にそれぞれが密接に結びつけられてはいない」とする。本節では、これを再検討し、筆者の見解を提示する。

(二四)『性情論』(馬承源主編『上海博物館蔵戦国楚竹書(一)』上海古籍出版社、二〇〇一年所収)により補う。

(二五)『詩経』邶風旄丘篇に「何其久也、必有以也。何其處也、必有與也」「何ぞ其れ久しきや、必ず以てする有るなり。何ぞ其れ処るや、必ず与にする有るなり」とある。『性自命出』に「以てする有り」とあるのは、具体的には、「詩」「書」「礼」「楽」として規範化された「人道」や「教」を「以てする」という意味と考えられる。

(二六)　語順の変化については、既に陳偉『郭店竹書別釈』(新出簡帛研究叢書、湖北教育出版社、二〇〇三年)第十三章「《性自命出》諸簡編連問題及校釈」にも指摘がある。

(二七)　郭店楚簡『尊徳義』(第四号簡～第七号簡)には、次のようにある(釈文は、李零『郭店楚簡校読記(増訂本)』(北京大学出版社、二〇〇二年)に従い、文字は通行字のみを表示する)。

　教非改道也、教之也。學非改倫也、學已也。禹以人道治其民、桀以人道亂其民。……聖人之治民、民之道也。禹之行水、水之道也。造父之御馬、馬之道也。后稷之藝地、地之道也。

「教は道を改むるに非ざるなり、之れを教ふるなり。学は倫を改むるに非ざるなり、学ぶのみ。禹は人道を以て其の民を治め、桀は人道を以て其の民を乱す。……聖人の民を治むるは、民の道なり。禹の水を行《や》るは、水の道なり。造父の馬を御するは、馬の道なり。后稷の地に藝うるは、地の道なり。」

（二八）このように、「性」を天命由来の不可変の性質と見なす思想としては、『荀子』哀公篇に、「性命肌膚の易ふ可からず」とあり、『荘子』天運篇に、「性は易ふ可からず、命は変ず可からず」とあり、『韓非子』顕学篇に、「性命なる者は、人に学ぶ所に非ざるなり」とある。

結語

第一章「郭店楚簡『五行』研究史と課題」では、馬王堆『五行』と郭店『五行』をめぐる研究史を概説し、その問題点と今後の課題を指摘した。

第二章「郭店楚簡『五行』第一段目の思想と構造」では、第一章から第七章途中までを第一段目として区切り、その間における各章節同士の構造的な繋がりを確認しつつ、そこで主張される思想を読み解いた。とりわけ、これまで様々に解釈されてきた「形於内」という言葉の読解を契機とし、第一段目には専心内形論とでも呼ぶべき思想が見いだされることを指摘した。第一段目には、章節同士の構造的な繋がりのみならず、思想的一貫性が見いだされた。

第三章「郭店楚簡『五行』第二段目の思想と構造」では、墨釘符号（「■」）に着目し、とりわけ第十八章と第二十章との間に、章節同士の強固な繋がりがあることを指摘した。思想的特徴としては、「見て之れを知るは、智なり。聞きて之れを知るは、聖なり」（郭店『五行』第十四章）とあるような聖智論を見いだすことができた。一方で、第一段目でしきりに言及された「形はる」という言葉は、もはや一言も言及されることがないことから、第一段目と第二段目との間には、墨節符号（「■」）に対応してそれぞれ独自の思想的主題が存することを指摘した。

第四章「郭店楚簡『五行』第三段目の思想と構造」では、第三段目においては、第一、第二段目と異なり、同じ概念を共有する章節がほとんどなく、構造的にも思想的にもまとまりに欠けることを指摘した。

そこでもし、思想的主題が顕著な第一段目と第二段目に注目するならば、第一段目の専心内形論と第二段目の聖智論との二つの思想を関連づけ、それを一つにまとめ上げていることこそが、郭店『五行』の最も顕著な思想的特徴のようにさえ思えてくる。したがって、この二つの思想が具体的にいかなる関係にあるのかを明らかにすることが改めて課題となる。一方、郭店『五行』第三段目は、第一、第二段目に比べると、思想的主題を見いだすことが容易でなく、章節同士のまとまりにも欠ける。こうした特徴は、今後、郭店『五行』の編纂過程を考える上でも、一つの判断材料を提供するであろう。

思想文献には、比較的古くに成立した部分と、新しく成立した部分とが含まれている可能性が想定される。これを単なる一般論として片づけてしまうのではなく、実際の文献の構造に即して、それを具体的に検証することはできないか。伝世文献の研究においては、かつて、『孟子』や『荀子』でもそれが一時期の成立でないという予想から、それを文章の構造や思想傾向に基づき証明する試みが進められた[二]。郭店『五行』においては、墨節符号(「■」)を手がかりとすることで、郭店『五行』が三つの段に分かれることを指摘できた。今後は、郭店『五行』のある部分と伝世文献のある部分との間に、思想の類似や論理的な先後関係が確認されたとしても、そこから直ちに両文献全体の類似性や論理的前後関係を結論するのではなく、あくまでそれは各文献内部の部分的類似を示すものとして、より着実な議論を展開することが可能となるのではないだろうか。

第五章「『孟子』万章下篇「金聲而玉振之」考――馬王堆漢墓帛書『五行』を手がかりに――」では、『孟子』に対する朱熹の解釈をそのまま馬王堆『五行』に当てはめる従来の手法を批判し、先ずは馬王堆『五行』の独自性を認めた上で、改めて馬王堆『五行』の「金聲而玉振之」の意味を探るべきことを主張した。更には、馬王堆

『五行』における「金聲而玉振之」の句に対する考察をもとに、今度は『孟子』における「金聲而玉振之」の句に対しても、朱熹の解釈に批判を加えつつ、新たな解釈の一案を提示した。

第六章「『孟子』に見える告子の仁内義外説」では、『孟子』と戦国諸子文献及び郭店楚簡などの出土資料に見える「仁義内外論」を整理し、各文献におけるそれぞれの問題意識を明らかにした。告子が提示する比喩表現によるならば、告子の義外説は、日常的な色に対する認識作用と、年長者に対する道徳的行為とを比喩として用い、更にはその独自の「狂挙」的な説明方式(内外区分)によって、「義」の客観性を論証するところに、その思想的意義が見いだされた。

第七章「郭店楚簡『性自命出』の人性論とその周辺——主要概念と比喩表現の再検討——」では、『性自命出』に見える「性」「心」「物」や、「善」「不善」及び「物」「勢」といった主要概念について、これら概念をめぐる比喩表現や文章構造を改めて検討し、その意味内容を明らかにした。併せて、『性自命出』冒頭の一文を全体の思想に位置づけて把握することで、人間の「性」に関する『性自命出』の人性論の思想的特徴を、その周辺の諸思想との関連において明らかにした。『性自命出』の人性論は、人間を支配する必然的な因果法則に対する自覚の上に、人間の心の自由の領域に価値を認め、規範の根源と人間性とに関する思索を深めるものであった。

郭店『五行』にせよ、馬王堆『五行』にせよ、その読解に際しては、それぞれの文献の独自性が確保されず、他文献に対する解釈がそのまま無批判に適用されるという方法論上の問題を指摘することができる。本書に収めた各論文は、根本的には全てこうした問題意識に基づいている。

かつて、出土資料が発見される以前、古代中国思想の研究分野においては、「伝世文献による研究だけではもはや新味ある成果は期し難いとの思いがある」という評価があったという(谷中信一「中国出土資料研究の現状と課題」『中国——社会と文化』第二十三号、二〇〇八年)。それに比べ、今日の古代中国思想研究の分野では、出土資料を活用した研究成果の発表が相次ぎ、活況を呈している。しかしながら、出土資料の発見以前において、新味ある成果が期し難くなったのは、一体何故なのか。それは、単に対象とする資料の数量的な限界にのみ原因があったのか。上引のような思いや疑問を抱く者も、一方ではこうした疑問を同時に抱いていたのではないだろうか。と言うのも、資料に数量的な限界があることは、何も古代中国思想の研究分野に限った特殊な問題ではないからである。それはおよそ古典研究に共通する宿命みたいなもので、むしろ、限りある資料から新たな価値を生み出し得ることにこそ、古典の本質とそれを研究することの意義があると思われるからである。出土資料発見以後の今日においても、問題の根本的解決に向け取り組むべき課題は、なお残されているように思われる。

かく言う本書も、方法論的な批判を体系立てて展開するには至らず、ましてや、新たな方法論を具体的に提示するには至っていない。この点は、反省すべき点であり、今後の大きな課題であると自覚している。今はただ、本書に収めた研究成果が諸賢の研究に活用されることを切に願う。また、本書が示した諸文献の解釈に対し、博雅の批正を乞う次第である。

(一)金谷治「『孟子』の研究——その思想の生い立ち——」(『金谷治中国思想論集』中巻、平河出版社、一九九七年所収)、同「『荀子』の文献学的研究」(『日本学士院研究』第九巻第一号、一九五一年、後、前掲書所収)、木村英一「『荀子』勧学篇の文体について」(『立命館文学』第一巻第十二号、一九三四年)、同「荀子三十二篇の構成について」(『支那学』第八巻第一号、一九三五年)等。

参考文献

以下、参考文献を原典類、著作類、論文類の三種類に分けて掲載する。原典類は、本書で引用した伝世文献や出土資料の底本、及び校勘に参考したものを一括して掲載した。著作類と論文類は、［国外］と［国内］とに分け、発行年代順にならべた。なお、［国内］のものについては、本書で言及したものに限り掲載し、［国外］のものについては、筆者が研究史の確認のために目睹したものを全て掲載した。巻末の索引も併せて参照されたい。

一　原典類

『十三経注疏附校勘記』（嘉慶二十年重刊本、中文出版社、一九七一年）
馬瑞辰『毛詩伝箋通釈』（十三経清人注疏、中華書局、一九八九年）
王先謙『詩三家義集疏』（十三経清人注疏、中華書局、一九八七年）
程樹徳撰『論語集釈』（新編諸子集成、中華書局、一九九〇年）
焦循撰『孟子正義』（新編諸子集成、中華書局、一九八七年）
孫希旦撰『礼記集解』（十三経清人注疏、中華書局、一九八九年）
王聘珍撰『大戴礼記解詁』（十三経清人注疏、中華書局、一九八三年）
『史記』（標点本、中華書局、一九五九年）
『漢書』（標点本、中華書局、一九六二年）
『後漢書』（標点本、中華書局、一九六五年）
『晋書』（標点本、中華書局、一九七四年）
孫詒譲『墨子閒詁』（諸子集成四、中華書局、一九五四年）
呉毓江撰『墨子校注』（新編諸子集成、中華書局、一九九三年）
譚戒甫撰『墨辯発微』（新編諸子集成、中華書局、一九六四年）

王先謙撰『荀子集解』(新編諸子集成、中華書局、一九八八年)
楊丙安校理『十一家注孫子校理』(新編諸子集成、中華書局、一九九九年)
陳奇猷校注『韓非子新校注』(上海古籍出版社、二〇〇〇年)
郭慶藩撰『荘子集釈』(新編諸子集成、中華書局、一九六一年)
許維遹撰『呂氏春秋集釈』(新編諸子集成、中華書局、二〇〇九年)
陳奇猷校釈『呂氏春秋校釈』(学林出版社、一九八四年)
黎翔鳳撰『管子校注』(新編諸子集成、中華書局、二〇〇四年)
徐元誥撰『国語集解(修訂本)』(中華書局、二〇〇二年)
諸祖耿編撰『戦国策集注匯考(増訂本)』(鳳凰出版社、二〇〇八年)
王利器撰『新語校注』(新編諸子集成、一九八六年)
劉文典撰『淮南鴻烈集解』(新編諸子集成、中華書局、一九八九年)
張双棣撰『淮南子校釈』(北京大学出版社、一九九七年)
王利器撰『文子疏義』(新編諸子集成、中華書局、二〇〇〇年)
李定生・徐慧君校釈『文子校釈』(上海古籍出版社、二〇〇四年)
屈守元『韓詩外伝箋疏』(巴蜀書社、一九九六年)
許維遹校釈『韓詩外伝集釈』(中華書局、一九八〇年)
石光瑛校釈・陳新整理『新序校釈』(中華書局、二〇〇一年)
向宗魯校証『説苑校証』(中国古典文学基本叢書、中華書局、一九八七年)
閻振益・鐘夏撰『新書校注』(新編諸子集成、中華書局、二〇〇〇年)
蘇輿撰『春秋繁露義証』(新編諸子集成、中華書局、一九九二年)
陳立撰『白虎通疏証』(新編諸子集成、中華書局、一九九四年)
王暉撰『論衡校釈』(新編諸子集成、中華書局、一九九〇年)
王天海『意林校注』(貴州教育出版社、一九九八年)
朱熹撰『四書章句集注』(新編諸子集成、中華書局、一九八三年)

黎靖徳編『朱子語類』(理学叢書、中華書局、一九九四年)
陶鴻慶『読諸子札記』(楊家駱主編『中国学術名著』第五輯、世界書局、一九七五年所収)
兪樾『諸子平議』(楊家駱主編『増補中国思想名著』世界書局、一九九一年所収)
王念孫『読書雜誌』(人人文庫、台湾商務印書館、一九七八年)
中井履軒『孟子逢原』(関儀一郎編『日本名家四書註釈全書』孟子部弐、東洋図書刊行会、一九二五年所収)
高亨撰『墨経校詮』(楊家駱主編『増訂中国学術名著』第一輯『名家六書　墨経校詮』、世界書局、一九七五年所収)
『文選』(中華書局、一九七七年)
段玉裁『説文解字注附索引』(芸文印書館、一九七九年)
朱駿声『説文通訓定声』(芸文印書館、一九七五年)
国家文物局古文献研究室『馬王堆帛書(壱)』(文物出版社、一九八〇年)
湖北省博物館『曽侯乙墓』(文物出版社、一九八九年)
湖北省荊州沙鉄路考古隊『包山楚簡』(文物出版社、一九九一年)
湖北省文物考古研究所『江陵望山沙塚楚墓』(文物出版社、一九九六年)
荊門博物館『郭店楚墓竹簡』(文物出版社、一九九八年)
湖北省文物考古研究所『九店楚簡』(中華書局、二〇〇〇年)
馬承源主編『上海博物館蔵戦国楚竹書(一)』(上海古籍出版社、二〇〇一年)
《簡帛書法選》編輯組編『郭店楚墓竹簡・五行』(文物出版社、二〇〇二年)

二　著作類

〔国外〕

楊伯峻『孟子訳注』(中国古典名著訳注叢書、中華書局、一九六〇年)
龐樸『帛書五行篇研究』(斉魯書社、第一版、一九八〇年)
倪志僴『論孟虚字集釈』(台湾商務印書館、一九八一年)

龐樸『帛書五行篇研究』(斉魯書社、第二版、一九八八年)
黄俊傑『孟学思想史論』(巻一、東大図書公司、一九九一年)
張光裕主編『郭店楚簡研究 第一巻 文字編』(芸文印書館、一九九九年)
龐樸『竹帛《五行》篇校注及研究』(万巻楼、二〇〇〇年)
魏啓鵬『簡帛《五行》箋釈』(万巻楼、二〇〇〇年)
劉信芳『簡帛五行解詁』(芸文印書館、二〇〇〇年)
丁四新『郭店楚墓竹簡思想研究』(東方出版社、二〇〇〇年)
丁原植『郭店楚簡』(万巻楼、二〇〇一年)
郭沂『郭店竹簡与先秦学術思想』(上海教育出版社、二〇〇一年)
涂宗流・劉祖信『郭店楚簡先秦儒家佚書校釈』(万巻楼、二〇〇一年)
廖名春『新出楚簡試論』(台湾古籍出版社、二〇〇一年)
丁原植『楚簡儒家性情説研究』(万巻楼、二〇〇二年)
邢文編訳『郭店老子 東西学者的対話』(学苑出版社、二〇〇二年)
朱淵清・廖名春主編『上海館蔵戦国楚竹書研究』(上海古籍出版社、二〇〇二年)
李零『郭店楚簡校読記(増訂本)』(北京大学出版社、二〇〇二年)
丁四新主編『楚地出土簡帛文献思想研究①』(湖北教育出版社、二〇〇二年)
李天虹『《性自命出》研究』(新出簡帛研究叢書、湖北教育出版社、二〇〇三年)
陳偉『郭店竹書別釈』(新出簡帛研究叢書、湖北教育出版社、二〇〇三年)
廖名春『出土簡帛叢考』(新出簡帛研究叢書、湖北教育出版社、二〇〇四年)
張顕成『簡帛文献学通論』(中華書局、二〇〇四年)
何介鈞『馬王堆漢墓』(文物出版社、二〇〇四年)
朱心怡『天之道与人之道』(文津出版社、二〇〇四年)
林清源『簡牘帛書標題格式研究』(芸文印書館、二〇〇四年)
黄懐信『上海博物館蔵戦国楚竹書《詩論》解義』(社会科学文献出版社、二〇〇四年)

沈建華編『饒宗頤 新出土文献論証』(上海古籍出版社、二〇〇五年)
魏啓鵬『簡帛《五行》箋証』(中華書局、二〇〇五年)
劉祖信・龍永芳『郭店楚簡綜覧』(万巻楼、二〇〇五年)
駢宇騫・段書安編著『二十世紀出土簡帛綜述』(文物出版社、二〇〇六年)
馮勝君『郭店簡与上海簡対比研究』(綫装書局、二〇〇七年)
張豊乾『出土文献与文子公案』(社会科学文献出版社、二〇〇七年)
晁福林『先秦社会思想研究』(商務印書館、二〇〇七年)
杜維明『思想・文献・歴史』(北京大学出版社、二〇〇八年)
梁濤『郭店竹簡与思孟学派』(中国人民大学出版社、二〇〇八年)
山東師範大学斉魯文化研究中心・美国哈仏大学燕京学社編『儒家思孟学派論集』(斉魯書社、二〇〇八年)
陳来『竹帛《五行》与簡帛研究』(三聯書店、二〇〇九年)
陳偉『楚地出土戦国簡冊[十四種]』(経済科学出版社、二〇〇九年)
曹建国『楚簡与先秦《詩》学研究』(武漢大学出版社、二〇一〇年)
李鋭『新出簡帛的学術探索』(北京師範大学出版社、二〇一〇年)
李鋭『戦国秦漢時期的学派問題研究』(北京師範大学出版社、二〇一一年)
李均明・劉国忠・劉光勝・鄔文玲著『当代中国簡帛学研究(1949-2009)』(中国社会科学出版社、二〇一一年)
王中江『簡帛書文明与古代思想世界』(北京大学出版社、二〇一一年)
梁濤・斯雲龍編『出土文献与君子慎独——慎独問題討論集』(漓江出版社、二〇一二年)

〔国 内〕

野村岳陽『墨子・楊子』(支那哲学叢書刊行会、一九二五年)
牧野謙次郎『墨子国字解』下(漢籍国字解全書第十八巻、早稲田大学出版部、一九二七年)
栗田直躬『中国上代思想の研究』(岩波書店、一九四九年)
重沢俊郎『原始儒家思想と経学』(岩波書店、一九五四年)

金谷治『孟子』（中国古典選、朝日新聞社、一九五六年）
重沢俊郎『中国哲学史研究』（法律文化社、一九六四年）
内野熊一郎『孟子』（新釈漢文大系、明治書院、一九六七年）
小林勝人『孟子』（岩波書店、一九七二年）
宇野精一『孟子』（全釈漢文大系、集英社、一九七三年）
伊東倫厚『孟子――その行動と思想――』（評論社、一九七三年）
武内義雄『武内義雄全集』（巻二、儒教篇、角川書店、一九七八年）
加地伸行他著『中井竹山・中井履軒』（叢書・日本の思想家、明徳出版社、一九八〇年）
加賀栄治『孟子』（清水書院、一九八〇年）
内山俊彦『中国古代思想史における自然認識』（創文社、一九八七年）
森三樹三郎『上古より漢代に至る性命観の展開――人性論と運命観の歴史――』（創文社、一九八七年）
池田知久『馬王堆漢墓帛書五行篇研究』（汲古書院、一九九三年）
栗田直躬『中国思想における自然と人間』（岩波書店、一九九六年）
『金谷治中国思想論集』中巻（平河出版社、一九九七年）
東京大学郭店楚簡研究会編『郭店楚簡の思想史的研究』第一巻（一九九九年）
溝口雄三・丸山松幸・池田知久編『中国思想文化事典』（東京大学出版会、二〇〇一年）
池沢優『「孝」思想の宗教学的研究』（東京大学出版会、二〇〇二年）
吉川忠夫『後漢書』（第七冊、列伝五、岩波書店、二〇〇四年）
李承律『郭店楚簡儒教の研究――儒系三篇を中心にして――』（汲古書院、二〇〇七年）

三　論文類

〔国　外〕

暁菡「長沙馬王堆漢墓帛書概述」（『文物』一九七四年、第四期）

趙光賢「新五行説商榷」(『文史』第七輯、一九七九年)
龐樸「馬王堆帛書解開了思孟五行説古謎——帛書《老子》甲本巻後古佚書之一的初歩研究」(『文物』一九七七年、第十期。後、同『帛書五行篇研究』第一、二版、斉魯書社、一九八〇、八八年、同『竹帛《五行》篇校注及研究』万巻楼、二〇〇〇年所収)
龐樸「思孟五行新考」(同『帛書五行篇研究』第一、二版、斉魯書社、一九八〇、八八年。後、同『竹帛《五行》篇校注及研究』万巻楼、二〇〇〇年所収)
李耀仙「子思孟子五行説考辨」(『抖擻』第四十五期、一九八一年)
盧瑞容「馬王堆帛書《五行篇》中「義」与「徳」的涵義探討」(『大陸雑誌』第八十五巻第五期、一九九二年)
廖名春「思孟五行説新解」(『哲学研究』一九九四年、第十一期)
張顕成「″集大成″与″金声而玉振之″訓釈補正——帛書研究札記」(『古籍整理研究学刊』一九九六年、第二期)
王利器「馬王堆漢墓軑侯試論」(『学術集林』巻十、一九九七年)
湖北省荊門市博物館「荊門郭店一号墓」(『文物』一九九七年、第七期)
李学勤「説郭店簡″道″字」(中国社会科学院簡帛中心編『簡帛研究』第三輯、広西教育出版社、一九九八年所収)
李学勤「従簡帛佚籍《五行》談到《大学》」(『孔子研究』一九九八年、第三期)
邢文「楚簡《五行》試論」(『文物』一九九八年、第十期)
陳鼓応「《太一生水》与《性自命出》発微」(『道家文化研究』第十七輯、三聯書店、一九九九年)
王葆玹「試論郭店楚簡的抄写年時間与荘子的撰作時代」(『哲学研究』一九九九年、第四期)
陳麗桂「従郭店竹簡〈五行〉検視帛書〈五行〉説文対経文的依違情況」(陳福浜主編『本世紀出土思想文献与中国古典哲学研究論文集』上冊、輔仁大学出版社、一九九九年所収)
潘小慧「《五行篇》的人学初探——以「心—身」関係的考察為核心展開」(同上)
龐樸「竹帛《五行》篇与思孟五行説」(同上。後、龐樸『竹帛《五行》篇校注及研究』万巻楼、二〇〇〇年所収)
郭梨華「簡、帛《五行》的礼楽考述」(陳福浜主編『本世紀出土思想文献与中国古典哲学研究論文集』下冊、輔仁大学出版社、一九九九年所収)
張立文「郭店楚墓竹簡的篇題」(姜広輝主編『中国哲学』第二十輯、遼寧教育出版社、二〇〇〇年所収)
姜広輝「郭店楚簡与原典儒家——国内学術界関于郭店楚簡的研究(一)」(同上)

姜広輝「郭店楚簡与早期道家——国内学術界関于郭店楚簡的研究(二)」(同上)
姜広輝「郭店楚簡与《子思子》」(同上)
李学勤「先秦儒家著作的重大発現」(同上)
李学勤「荊門郭店楚簡中的《子思子》」(同上)
龐樸「古墓新知——漫読郭店楚簡」(同上)
龐樸「撫心曰辟」(同上)
龐樸「孔孟之間——郭店楚簡中的儒家心性説」(同上)
廖名春「荊門郭店楚簡与先秦儒学」(同上)
陳来「荊門竹簡之《性自命出》篇初探」(同上)
彭林「《郭店楚簡・性自命出》補釈」(同上)
李存山「読楚簡《忠信之道》及其他」(同上)
邢文「《孟子、万章》与楚簡《五行》」(同上)
王葆玹「試論郭店楚簡各篇的撰作時代及其背景——兼論郭店及包山楚墓的時代問題」(同上)
王葆玹「郭店楚簡的時代及其与子思学的派関係」(武漢大学中国文化研究院編『郭店楚簡国際学術研討会論文集』湖北人民出版社、二〇〇〇年所収)
郭梨華「竹簡〈五行〉的「五行」研究」(同上)
李存山「従簡本《五行》到帛書《五行》」(同上)
劉昕嵐「郭店楚簡《性自命出》篇箋釈」(同上)
饒宗頤「詩言志再辨」(同上)
龐樸「天人三式」(同上)
李学勤「郭店楚簡《六徳》的文献学意義」(同上)
周鳳五「郭店竹簡的形式特徴及其分類意義」(同上)
李天虹「郭店楚簡文字雑釈」(同上)
彭林「論郭店楚簡中的礼容」(同上)

龔建平「郭店楚簡中的儒家礼楽思想述略」(同上)
郭斉勇「郭店楚簡身心観発微」(同上)
東方朔「《性自命出》篇的心性観念初探」(同上)
陳昭瑛「性情中人：試論楚文化論《郭店楚簡・性情篇》」(同上)
余治平「哲学的視野下的心、性、情、敬探究——郭店楚簡《性自命出》另的一種解読」(同上)
欧陽禎人「在摩蕩中弘揚主体」(同上)
李維武「《性自命出》的哲学蘊初探」(同上)
高華平「論述《郭店楚墓竹簡・性自命出》的道家思想」(同上)
李景林「従郭店簡看思孟学派的性与天道論——兼談郭店簡儒家類著作的学派帰属問題」(同上)
劉釗「読郭店楚簡字詞札記」(同上)
徐少華「《六徳》篇思想源流探析」(同上)
劉楽賢「郭店楚簡《六徳》初探」(同上)
袁国華「《郭店楚墓竹簡・五行》「渡」字考釈」(『中国文字』新廿六期、二〇〇〇年)
邢文「八角廊《文子》与帛書《五行》」(陳鼓応主編『道家文化研究』第十八輯、三聯書店、二〇〇〇年所収)
饒宗頤「従郭店楚簡談古代楽教」(同上。後、沈建華編『饒宗頤 新出土文献論証』上海古籍出版社、二〇〇五年所収)
劉信芳「《五行》述略」(同『簡帛五行解詁』芸文印書館、二〇〇〇年所収)
劉信芳「「金声玉振之」及其相関問題」(同上)
徐少華「楚簡与帛書《五行》篇章結構及其相関問題」(『中国哲学史』二〇〇一年、第三期)
黄熹「儒家形而上系統的最初建構——《五行》所展示的儒学形而上系統」(同上)
廖名春「郭店楚簡《五行》篇校釈札記」(同上。後、廖名春『出土簡帛叢考』湖北教育出版社、二〇〇四年所収)
王博「孟子与《五行》」(同『文献論集簡帛思想』台湾古籍出版社、二〇〇一年所収)
王博「五行与四行」(同上)
王博「郭店竹簡所見儒道関係」(同上)
孫開泰「《郭店楚墓竹簡・五行》篇校釈」(『簡帛研究二〇〇二』上冊、二〇〇一年)

林志鵬「簡帛〈五行〉篇本文差異析論」(『中国文学研究』第十五期、二〇〇一年)
李学勤「試解郭店簡読〝文〟之字」(『孔子・儒家研究文叢(一)』斉魯書社、二〇〇一年所収)
黄湘陽「上博簡《性情論》与楽教主張」(陳副浜主編『新出楚簡与儒家思想論文集』輔仁大学出版社、二〇〇一年所収)
趙中偉「性自命出・命自天降——上海戦国竹簡〈性情論〉与郭店竹簡〈性自命出〉之人性論剖析」(同上)
潘小慧「上博簡与郭店簡《性自命出》篇中「情」的意義与価値」(同上)
邵台新「戦国至漢初儒学伝承——以楚地簡帛為中心的討論」(同上)
陳麗華「《性情論》説〝道〟」(朱淵清・廖名春主編『上博館蔵戦国楚竹書研究』世紀出版集団上海出版社、二〇〇二年所収)
龐樸「上博蔵簡零箋」(同上)
劉楽賢「読上博簡劄記」(同上)
郭斉勇「再論〝五行〟与〝聖智〟」(丁四新主編『楚地出土簡帛文献思想研究①』湖北教育出版社、二〇〇二年所収)
姜広輝「郭店楚簡研究的参考座標」(龐樸等著『郭店楚簡与早期儒学』台湾古籍出版社、二〇〇二年所収)
孟蓬生「郭店楚簡字詞考釈」(『古文字研究』第二十四輯、二〇〇二年)
梁濤「簡帛《五行》新探——兼論《五行》在思想史中的地位」(龐樸等著『古墓新知』台湾古籍出版社、二〇〇二年所収)
許抗生「《性自命出》、《中庸》、《孟子》思想的比較研究」(『孔子研究』二〇〇二年、第一期)
李零「上海楚簡校読記之三・性情」(李零『上海楚簡三篇校読記』万巻楼、二〇〇三年所収)
陳偉『郭店竹書別釈』第六章「五行零識」(湖北教育出版社、二〇〇三年)
陳釗「郭店簡補釈三篇」(『祈念郭店楚簡出土十周年論文専輯』香港国際炎黄文化出版、二〇〇三年所収)
郭梨華「「徳之行」与「行」的哲学意義」(陳文豪主編『第一届簡帛学術討論会論文集』簡帛研究彙刊第一輯、二〇〇三年所収)
林素清「簡牘符号試論」(同右)
梁濤「簡帛《五行》〝経文〟比較」(孔子研究、http://www.confucius2000.com/ 二〇〇三年)
周鋒利「簡帛《五行》経説的詮釈特色初探」(簡帛研究、http://www.jianbo.org/ 二〇〇三年)
梁濤「郭店楚簡与《中庸》公案」(姜広輝主編『中国経学思想史』中国社会科学出版社、二〇〇三年所収)
田文軍・李富春「帛簡《五行》篇与原始〝五行〟説」(『武漢大学学報』第五十六巻第一期、二〇〇三年)
喩燕姣「従馬王堆漢墓出土簡帛文献看古人観念中的玉」(『湖南省博物館館刊』二〇〇四年、第一期)

郭梨華「儒家簡帛佚籍中〝徳〟与〝色〟的辨析」(同上)
陳偉「簡帛五行対読」(同上)
郭振香「《性自命出》性情論辨析——兼論其学派帰属問題」(『孔子研究』二〇〇五年、第二期)
陶磊「思孟五行考辨(上)」(簡帛研究、http://www.jianbo.org/ 二〇〇六年)
陶磊「思孟五行考辨(下)」(簡帛研究、http://www.jianbo.org/ 二〇〇六年)
陳耀森「論簡、帛《五行》章句的重要差異——兼談帛書《五行》篇「五行」的序列(全文修訂版)」(簡帛研究、http://www.jianbo.org/ 二〇〇七年)
宋鵬飛「先秦至漢「慎独」観念的発展——兼論郭店楚簡《五行》「慎独」的解釈」(『東呉中文線上学術論文』二〇〇八年、第三期)
趙法生「楚簡《五行》聖智本義辨説」(『中国政法大学学報』総第四期第二期、二〇〇八年)
李友広「真実不偽：前孟荀時代的人性論——以〝眚自命出、命自天降〟為基点」(『蘭州学刊』総第一八二期、二〇〇八年)
王博「《勧学篇》在《荀子》及儒家中的意義」(『哲学研究』二〇〇八年、第五期)
蒙培元「《性自命出》的思想特征及其与思孟学派的関係」(山東師範大学斉魯文化研究中心・美国哈仏大学燕京学社編『儒家思孟学派論集』斉魯書社、二〇〇八年所収)
陳英立「与《荀子》有関出土簡帛文献綜述」(『辺疆経済与文化』総第七十一期、二〇〇九年)
顔炳罡「郭店楚簡《性自命出》与荀子的情性哲学」(『中国哲学史』二〇〇九年、第一期)
孔徳立「外在之行与内心之徳的貫通」(『中国哲学史』二〇〇九年、第三期)
Kenneth W. Holloway, *GUODIAN: the newly discovered seeds of chinese religious and political philosophy*, Oxford University Press, 2009
陳麗桂「再論簡帛《五行》経、説文之歧異」(簡帛網、http://www.bsm.org.cn 二〇一〇年)
薛元沢「郭店楚簡《五行》〝君子慎其独也〟之解釈」(簡帛研究、http://www.jianbo.org/ 二〇一〇年)
薛元沢・詹文娟「由郭店楚簡《五行》「能至哀」釈詩経「之子于帰」——兼釈〈邶風・燕燕〉等相関詩篇」(簡帛研究、http://www.jianbo.org/ 二〇一〇年)
劉光勝「子思与曾子師承関係新証」(『簡帛』第五輯、二〇一〇年)
廖名春「簡帛《五行》篇〝不仁思不能清〟章補釈」(『出土文献研究』第九輯、二〇一〇年)

曹峰「思孟学派的解構与建構——評梁濤《郭店竹簡与思孟学派》」(『哲学研究』二〇一〇年、第四期)
荀東鋒「《五行》体現的三個問題意識」(『燕山大学学報(哲学社会科学版)』第十一巻第三期、二〇一〇年)
荀東鋒「郭店楚簡《五行》釈義」(『古籍整理研究学刊』二〇一一年、第四期)
荀東鋒「簡、帛《五行》研究概述」(簡帛研究、http://www.jianbo.org/ 二〇一一年)
周玲・劉志基「楚簡帛文字筆記分析方法芻議——以《郭店楚簡・五行》第10、11簡文字異写分析為例」(『中国文字研究』第十五輯、二〇一一年)
王暉「聖、智之辨与早期儒家的認識観」(『中国哲学史』総第七七期第一期、二〇一二年)
荀東鋒「簡、帛《五行》経文比較」(『学灯』第二十一期、http://www.confucius2000.com 二〇一二年)
荀東鋒「従慎独的詮釈看儒学的当代困境——以《五行》和《大学》為中心」(『中国石油大学学報(社会科学版)』第二十八巻第二期、二〇一二年)
高正偉「論《五行》説文対孟子仁義観的発展」(『孔子研究』二〇一二年、第五期)
孫希国「簡帛《五行》篇的発現与研究」(『遼寧学院報』第十四巻第四期、二〇一二年)
孫希国「馬王堆漢墓帛書《五行》篇〝説〟文与《孟子》的関係——兼論何為〝子思唱之、孟軻和之〟」(『古代文明』第六巻第一期、二〇一二年)
孟慶楠「徳行内外——以簡帛《五行》篇為中心」(『中国哲学史』二〇一二年、第二期)
Dirk Meyer, *Philosophy on Bamboo*, Koninklijke Brill NV, 2012
梁静「対於判断出土文献学派帰属的反思——以上博楚簡為中心的考察」(『簡帛』第七輯、二〇一二年)
陳耀森「読楚簡《五行》篇〝五行〟的序列」(簡帛研究、http://www.jianbo.org/ 二〇一三年)

[国内]

木村英一「『荀子』勧学篇の文体について」(『立命館文学』第一巻第十二号、一九三四年)
木村英一「荀子三十二篇の構成について」(『支那学』第八巻第一号、一九三五年)
佐藤一郎「古代中国思想史解釈の問題——聖人について——」(『叙説』第五号、一九五〇年)
金谷治「中と和」(『文化』第十五巻第四号、一九五一年。後、『金谷治中国思想論集』中巻、平河出版社、一九九七年所収)

金谷治「『荀子』の文献学的研究」(『日本学士院研究』第九巻第一号、一九五一年。後、同上所収)
裏善一郎「告子考」(『漢文学会会報』第十四号、一九五三年)
竹岡八雄「告子研究——楊朱告子と呂氏春秋の関係について——」(『研究紀要』第二十六集、三重大学学芸学部教育研究所、一九六二年)
三上誠治郎「告子の性無善無不善説について」(『大学紀要』第七輯、和洋女子大学、一九六二年)
大浜晧「孟子と告子の論争」(『名古屋大学文学部十周年記念論集』一九五九年。後、同『中国古代思想論』勁草書房、一九七七年所収)
林巳奈夫「佩玉と綬——序説——」(『東方学報』第四十五冊、一九七三年)
島森哲男「馬王堆出土儒家古佚書考」(『東方学』第五十六輯、一九七八年)
島森哲男「慎独の思想」(『文化』第四十二巻第三・四号、一九七九年)
島森哲男「孟子の人間観における内なるものと外なるもの」(金谷治編『中国における人間性の探求』創文社、一九八三年所収)
島一「『礼記』楽記篇の人性論とその周辺」(同上)
浅野裕一「帛書五行篇の思想史的位置」(『島根大学教育学部紀要』第十九巻、一九八三年。後、同『黄老道の成立と展開』創文社、一九九二年所収)
影山輝国「思孟五行説——その多様なる解釈と龐樸説——」(『人文科学紀要』第八十一集、東京大学人文科学科、一九八五年)
吉永慎二郎「孟子の義内説」(『待兼山論叢』第二十一号哲学編、一九八七年。後、同『戦国思想史研究』朋友書店、二〇〇四年所収)
柴田清継「感化に関する思想をめぐって——『管子』内業等諸篇の思想史的位置づけの試み——」(『哲学』第四十集、一九八八年)
森川重昭「孟子の「仁義の心」をめぐって」(『山下龍二教授退官記念中国学論集』研文社、一九九〇年所収)
島森哲男「「人に忍びざる心」の倫理学——孟子の人間観の特質——」(『宮城教育大学国語国文』巻二十一、一九九三年)
沢田多喜男「『孟子』より見た先秦思想史研究——墨家・告子・有若——」(『千葉大学人文研究』第二十三号、一九九四年)
吉永慎二郎「孟子における聖王と聖人——その墨家思想の受容——」(『秋田大学教育学部研究紀要』第四十八集、一九九五年。後、同『戦国思想史研究』朋友書店、二〇〇四年所収)
久保田知敏「『公孫龍子』名実論の分析——『墨子』経・経説と『公孫龍子』名実論篇」(『聖心女子大学論叢』第八十二集、一九九六年)

斎木哲郎「長沙馬王堆漢墓出土「帛書五行篇」新解――秦儒との関係を中心として――」(『中国出土資料研究』第二号、一九九八年)
末永高康「もう一つの「天人の分」――郭店楚簡初探」(『鹿児島大学教育学部研究紀要人文・社会科学編』第五十巻、一九九八年)
楢崎洋一郎「戦国期における名家的思弁の一側面について――孟子・告子論争と『公孫龍子』指物論篇を中心として――」(『中国哲学論集』第二十四号、一九九八年)
池田知久「郭店楚簡『五行』の研究」(東京大学郭店楚簡研究会編『郭店楚簡の思想史的研究』第二巻、一九九九年。後、池田知久編『郭店楚簡儒教研究』汲古書院、二〇〇三年所収)
池田知久監修「郭店楚簡『性自命出訳注その一』」(『郭店楚簡の研究(四)』大東文化大学郭店楚簡研究班、二〇〇二年所収)
斎木哲郎「郭店楚簡「五行篇」覚書」(『東洋古典学研究』第八集、一九九九年)
末永高康「「性」即「気」――郭店楚簡『性自命出』の性説」(『鹿児島大学教育学部研究紀要人文・社会科学編』第五十一巻、二〇〇〇年)
末永高康「「知ること」と「気付くこと」――『五行』の理解のために」(『鹿児島大学教育学部研究紀要人文・社会科学編』第五十二巻、二〇〇〇年)
末永高康「儒家の利・墨家の利――『唐虞之道』の理解のために――」(『鹿児島大学教育学部研究紀要人文・社会科学編』第五十三巻、二〇〇一年)
湯浅邦弘「郭店楚簡『六徳』について――全体構造と著作意図――」(『中国出土資料研究』第六号、二〇〇二年)
末永高康「仁内義外考――郭店楚簡と孟子の仁義説」(『鹿児島大学教育学部研究紀要人文・社会科学編』第五十四巻、二〇〇三年)
池田知久「『五行』訳注」(池田知久編『郭店楚簡儒教研究』汲古書院、二〇〇三年所収)
浅野裕一「『五行篇』の成立事情――郭店写本と馬王堆写本の比較――」(『中国出土資料研究』第七号、二〇〇三年)
竹田健二「郭店楚簡『性自命出』と上海博物館蔵『性情論』との関係」(『日本中国学会報』第五十五集、二〇〇三年)
橋本昭典「郭店楚簡『性自命出』における「情」について」(『中国研究集刊』第三十六号、二〇〇四年)
西信康「郭店楚簡『五行』の論述形式と符号――第二段落を中心に――」(『中国哲学』第三十二号、二〇〇四年)
渋谷由紀「「性」と「心」――《性自命出》の分析を通じて」(『中国出土資料研究』第八号、二〇〇四年)
渋谷由紀「郭店楚簡《五行》考――修養論を中心に――」(『中国古典研究』第四十九号、二〇〇四年)
金谷治「楚簡「性自命出」の考察」(『日本学士院紀要』第五十九巻第一号、二〇〇四年)

参考文献

竹田健二「郭店楚簡『性自命出』・上海楚簡『性情論』の性説」(『国語教育論叢』第十四号、二〇〇五年)
武田時昌「精誠の哲学」(加地伸行博士古稀記念論集刊行会編『中国学の十字路』研文出版、二〇〇六年所収)
近藤浩之「『孟子』万章下篇「其至爾力也、其中非爾力也」の再解釈」(『中国哲学』第三十四号、二〇〇六年)
西信康「『孟子』万章下篇「金声而玉振之」考――馬王堆漢墓帛書『五行』を手がかりに――」(『北海道大学大学院文学研究科研究論集』第六号、二〇〇六年)
西信康「郭店楚簡『五行』の思想と構造――第一段目を中心に――」(『中国哲学』第三十五号、二〇〇七年)
中嶋隆蔵「郭店楚簡所謂「性自命出」篇小考」(『東洋古典学研究』第二十三集、二〇〇七年)
谷中信一「中国出土資料研究の現状と課題」『中国――社会と文化』第二十三号、二〇〇八年)
西信康「郭店楚簡『五行』の思想と構造――第三段目を中心に――」(『中国哲学』第三十六号、二〇〇八年)
近藤浩之「中国古代における文法的説明による論証とその形式」(『中国哲学』第三十七号、二〇〇九年)
近藤浩之・西信康「学会時報(先秦～漢代)」(『中国研究集刊』第五十六号、二〇一三年)
末永高康「『孟子』と『五行』」(『中国思想研究』第三十四号、二〇一三年)
鄭宰相「『性自命出』の性情論」(同上)

あとがき

本書は、筆者の学位論文「郭店楚簡『五行』の研究」(二〇〇九年、北海道大学)をもとに構成されている。本書に収めるに当たっては、学位論文提出後に発表した二件の研究成果を新たに盛り込み、大幅な修訂を加えている。各章に収めた論稿の初出を示せば、次のとおり。

第一章　郭店楚簡『五行』研究史と課題
「五行篇の研究――馬王堆帛書本と郭店楚簡本――」(修士論文、二〇〇四年、北海道大学)序章、及び「戦国竹簡に付された特殊符号の形態とその時代性及び地域分布に関する研究」(『高梨学術奨励基金年報　平成22年度研究成果報告』財団法人高梨学術奨励基金、二〇一一年)

第二章　郭店楚簡『五行』第一段目の思想と構造
「郭店楚簡『五行』の思想と構造――第一段目を中心に――」(『中国哲学』第三十五号、二〇〇七年)

第三章　郭店楚簡『五行』第二段目の思想と構造
「郭店楚簡『五行』の論述形式と符号――第二段落を中心に――」(『中国哲学』第三十二号、二〇〇四年)

第四章　郭店楚簡『五行』第三段目の思想と構造
「郭店楚簡『五行』の思想と構造――第三段目を中心に――」(『中国哲学』第三十六号、二〇〇八年)

第五章　『孟子』万章下篇「金聲而玉振之」考――馬王堆漢墓帛書『五行』を手がかりに――（『北海道大学大学院文学研究科研究論集』第六号、二〇〇六年）

第六章　『孟子』に見える告子の仁内義外説（『中国哲学』第三十八号、二〇一〇年）

第七章　郭店楚簡『性自命出』の人性論とその周辺――主要概念と比喩表現の再検討――（『中国――社会と文化』第二十七号、二〇一二年）

なお、学位論文提出後に発表した研究成果及び本書は、次の助成による研究成果の一部である。

平成二十二〜二十四年度　科学研究費補助金若手研究（B）
平成二十二年度　高梨学術奨励基金
平成二十二年度　北海道大学大学院文学研究科「組織的な若手研究者海外派遣プログラム」
平成二十四年度　笹川科学研究助成

やや特殊な学習歴をもつ私には、本書の刊行に当たって学恩を感謝すべき先生が多数にのぼる。その中でも、先ず謝辞を述べるべきは、東京農業大学在学中にお世話になった辛島《かのしま》司朗先生（古代ギリシャ哲学・安全学）である。当時、意気揚々と大学に入学した私も、周りの多くの学生達と同じように、大学に対する違和感から、行き場を失いさまよっていた。そんな折りに出会った辛島先生は、様々な学問分野の存在とその楽しさとを教えてくれた。私はほぼ毎日、農学部の授業が終わると、先生の哲学研究室で開かれていた読書会に参加し、文字どおりの意味で、本の読み方を教わった。二十歳近くまでショモツというものをほとんど読んだことのなかった私は、そこではじめて、単なる社会的身分を得る手段としての学問ではなく、よりよく生きるための学問のあり方と、読書がその重要な要素であることを教わった。ドクショの意義やら大切さやらは、小学生の頃よりさんざん聞かされていたはずなのに、それまでとはまるで違った切実さで、私は読書を通じて学問をすることの意義を実感した。それに伴い、大学に対する違和感も、いくらか解消していったように思う。辛島先生と、先生の研究室で出会った方々との思い出は尽きない。先生をはじめ、同研究室で出会った同学諸氏に、併せて感謝申し上げる。

次に謝辞を述べるべきは、農学部卒業後の私を学士入学として受け入れて下さった山口大学人文学部の高木智見先生である。当時、山口大学の中国哲学研究室では、高木先生と林文孝先生が教鞭を執っておられ、漢文の訓読法や工具書の使い方、古代から近世にかけての中国思想に関する知識等、学部生が習得すべきことがらをご教授いただいた。両先生からは、テキストが提起する思想的課題をみずからの課題として引き受け、その解決にみずから取り組むことで、テキストのより深い理解へ到達しようとする手法を学んだように思う。特に、指導教員として私をご指導下さった高木先生からは、古代中国思想に関する知識だけでなく、古代中国研究を通じた異文化理解と、それに伴う自己理解の実践例、人生における古典研究の意義を問い続ける姿勢など、数多くのことを学んだ。わずか二年間の短い期間であったけれども、高木先生との出会いは、私が今日まで研究を続ける原動力となっているように思われる。先生から学んだことは未だ何一つ実践できておらず、謝辞を述べるにはまだ早い、と叱られる怖れもあるが、先生をはじめ、同研究室で出会った同学諸氏に、併せて感謝申し上げる。

そして、大学院の修士課程から博士課程修了までは、北海道大学大学院文学研究科中国文化論研究室の故・伊東倫厚先生、佐藤錬太郎先生、弭和順先生、近藤浩之先生にお世話になった。北大において先生方より賜った学恩は計り知れない。大学院進学から今日まで研究を続けることができたのは、先生方の公私にわたる庇護のおかげである。とりわけ、近藤浩之先生は、修士課程の三年目から博士課程修了に至るまでの指導教員として、倦むことなく私を教え導いて下さった。出土資料の研究に要する特殊な技能だけでなく、先行研究を整理し、用例を集めて文章の解釈を提示し、読み取った原典の内容を適切に表現する、という研究の根幹をなす基本的な技能も、全て近藤先生から教わった。怠惰な私はなお先生の学恩に十分に応えられずにいるけれども、本書の刊行を一つの節目としてこれを献上し、改めて感謝申し上げたい。また、北大の同学諸氏には、日常生活においてお世話になっている。併せて謝意を表する。

最後に、私事で恐縮ではあるが、両親に感謝申し上げたい。両親は私の生活が原因で、彼らと同年代の人々が当然のように享受する多くの楽しみを今なお享受できないでいる。私の研究の大成を祈り、様々な困難も弟を中心に家族が団結して乗り切ってくれたという。本書はその代償として利息分くらいにはなるであろうか。感謝の意を込めて献上したい。

本書は、北海道大学大学院文学研究科の助成を受け、同研究科「研究叢書」の一つとして刊行された。学外審査を担当された先生からは、大小様々な問題点を数多くご指摘いただいた。そして、編集を担当された北海道大学出版会の今中智佳子氏、校正を担当された円子幸男氏には、拙い原稿を磨き上げ、本としての新たな価値を付与していただいた。また、編集の段階で、若輩者の無理解な要求も数多く聞き入れていただいた。本書刊行に直接の力添えをいただいた学外の先生と両氏のご尽力により、私のこれまでの研究成果は、大幅にその完成度を高めた。心よりお礼申し上げる。

西　信康

事項索引

あ　行

か　行

さ　行

た　行

な　行

は 行

ま 行

や 行

ら 行

人名索引

西　信康（にし　のぶやす）
1976年生
北海道大学大学院文学研究科博士課程修了
主要論文
「郭店楚簡『性自命出』の人性論とその周辺――主要概念と比喩表現の再検討――」（『中国――社会と文化』第27号，2012年）

北海道大学大学院文学研究科 研究叢書26
郭店楚簡『五行』と伝世文献
2014年3月31日　第1刷発行

著　者　西　信康
発行者　櫻井義秀

発行所　北海道大学出版会
札幌市北区北9条西8丁目　北海道大学構内（〒060-0809）
Tel. 011(747)2308・Fax. 011(736)8605・http://www.hup.gr.jp/

アイワード/石田製本

ISBN978-4-8329-6799-1